AF279571

Transmisión de información por medios convencionales e informáticos

avanza editorial

Editado por:
EDITORIAL FAE, S.L.U.
Correo electrónico: editorial@editorialfae.com

Transmisión de información por medios convencionales e informáticos
José Antonio López Medina
Marta Serrano Gutiérrez

1ª Edición

ISBN: 978-84-1135-312-0
Depósito legal: MA 99-2015

Impreso en España

Presentación

Ficha técnica del curso

El presente manual desarrolla la unidad formativa "UF0512: Transmisión de información por medios convencionales e informáticos", perteneciente al módulo formativo "MF0974_1: Tratamiento de datos, textos y documentación", del certificado de profesionalidad "ADGG0508: Operaciones de grabación y tratamiento de datos y documentos", incluido en la familia profesional "Administración y gestión".

FICHA DE CERTIFICADO DE PROFESIONALIDAD			
COMPETENCIA GENERAL: Realizar operaciones de grabación de datos, así como transcribir, reproducir y archivar la información y documentación requeridas en las tareas administrativas y de gestión, de acuerdo con instrucciones, normativa y procedimientos establecidos, de forma coordinada y con criterios de calidad, productividad, seguridad y respeto al medio ambiente.			
NIV.	**Unidades de competencia (UC)**		**Puestos de trabajo**
1	UC0973_1	Introducir datos y textos en terminales informáticos en condiciones de seguridad, calidad y eficiencia.	– 4301.1025 Operadores-grabadores de datos en ordenador.
	UC0974_1	Realizar operaciones básicas de tratamiento de datos y textos, y confección de documentación.	
	UC0971_1	Realizar operaciones auxiliares de reproducción y archivo en soporte convencional o informático.	

Módulos formativos	Unidades formativas	Duración (horas)
MF0973_1: Grabación de datos		90
MF0974_1: Tratamiento de datos, textos y documentación	UF0510: Procesadores de textos y presentaciones de información básicos	60
	UF0511: Tratamiento básico de datos y hojas de cálculo	50
	UF0512: Transmisión de información por medios convencionales e informáticos	**40**
MF0971_1: Reproducción y archivo	UF0513: Gestión auxiliar de archivo en soporte convencional o informático	60
	UF0514: Gestión auxiliar de reproducción en soporte convencional o informático	60
MP0110: Módulo de prácticas profesionales no laborales		80
Duración certificado de profesionalidad		590

Tablas extraídas de la página web del Servicio Público de Empleo Estatal (http://www.sepe.es/)

Certificados de profesionalidad

Los **certificados de profesionalidad** y su formación asociada tienen como objetivo dar respuesta a las necesidades de la sociedad del conocimiento, basada en la competitividad, la empleabilidad, la movilidad laboral, el fomento de la cohesión y la inserción laboral. Su expedición corresponde a la Administración competente y tienen validez en todo el territorio nacional.

Los certificados acreditan con carácter oficial las **competencias profesionales** que capacitan para el desarrollo de una actividad laboral con significación en el empleo.

Los certificados se obtienen, por una parte, tras la superación de todos los módulos formativos que los integran, a través de **acciones formativas** promovidas y autorizadas por la Administración laboral y, por otra, mediante la superación de los procedimientos para la evaluación y acreditación de las competencias profesionales adquiridas a través de la **experiencia laboral** o de vías no formales de formación.

Cada cualificación se organiza en **unidades de competencia.** La unidad de competencia es el agregado mínimo de competencias profesionales, susceptible de reconocimiento y acreditación parcial.

Cada unidad de competencia lleva asociado un **módulo formativo,** donde se describe la formación necesaria para adquirir esa unidad de competencia. Un módulo formativo, si supera las 90 horas, se subdivide en **unidades formativas.**

Índice

U. D. 1. Conexión y funcionamiento operativo del equipamiento informático

U. D. 2. Transmisión interna personal de documentación

U. D. 3. Transmisión interna informatizada de documentos

U. D. 4. Normas de seguridad que garantizan la confidencialidad en la transmisión

Solucionario

Índice

U. D. 1. Conexión y funcionamiento operativo del equipamiento informático

Introducción

A lo largo de esta unidad didáctica aprenderemos el significado de un término básico relacionado con los ordenadores: *hardware*. Este vocablo, procedente del inglés, está plenamente integrado en el lenguaje español.

Básicamente, el *hardware* se relaciona con las partes físicas que integran un ordenador.

Aprenderemos, además, las diferentes clasificaciones y tipologías que existen de este concepto.

1. *Hardware*

Definición

El *hardware* de un ordenador se trata de todos los elementos físicos, tangibles, que componen un sistema informático (comúnmente referido como ordenador) ya sean dispositivos eléctricos, electrónicos, mecánicos o electromecánicos.

Es un término procedente del inglés que se podría traducir como parte o componente duro (de una computadora), cuya utilización es tan extendida que se ha adoptado tal cual por la Real Academia Española.

Por generalización, el vocablo *hardware* también se emplea para agrupar los componentes físicos de distintos aparatos electrónicos, como podrían ser dispositivos reproductores multimedia, cámaras fotográficas, teléfonos o incluso robots.

2. Tipología y clasificaciones

Un ordenador (o computador/a) recibe datos a través de distintos canales de entrada, los cuales son procesados para proporcionar información útil al propio usuario o bien a otros equipos.

Atendiendo a las diferentes funciones que realizan en la computadora, los diferentes componentes y dispositivos se pueden agrupar en estos tipos de *hardware*:

–   **Entrada,** para recibir los datos desde el exterior.

- **Almacenamiento,** para guardar la información recibida y generada por el ordenador.
- **Procesamiento,** para gestionar dicha información.
- **Salida,** para suministrar los datos al exterior de la computadora (ya sea al usuario o a otro equipo).

La anterior clasificación se podría hacer más compleja conforme precisemos funciones más concretas para cada elemento del *hardware*.

Otra clasificación muy extendida es aquella que distingue entre *hardware* básico y *hardware* complementario:

- El **hardware básico** comprende todos aquellos componentes necesarios para que la computadora pueda realizar las mínimas funciones requeridas.
- El **hardware complementario** abarca las partes físicas del ordenador que se instalan para llevar a cabo aplicaciones no fundamentales.

Se consideran componentes del *hardware* básico: un medio de entrada de datos y otro de salida, un medio de almacenamiento de datos, la unidad central de procesamiento (CPU) y la memoria RAM. El resto de partes físicas de una computadora se consideran complementarias.

Son componentes fundamentales de una computadora un teclado (como medio de entrada de datos) o un monitor (como medio de salida). Es decir, **hardware básico.**

En cambio, un escáner (medio de entrada) o un altavoz (medio de salida) son partes no esenciales de un ordenador; se consideran, por tanto, **hardware complementario.**

3. El ordenador. Tipos.

La palabra *ordenador* suele evocar automáticamente un dispositivo con un teclado y un ratón, que tras procesar cierta información devuelve el resultado en pantalla. Sin embargo, hay muchos más que tipos de ordenador que el conocido PC.

A continuación vamos a describir los más comunes:

- **PC:** PC son las siglas de *personal computer* o, en español, *ordenador personal*. Es un equipo diseñado para un uso general. Los ordenadores MAC son también PC, aunque la mayor parte de la gente piensa que son un tipo distinto de ordenador por tener un sistema operativo diferente de Windows.
- **De sobremesa:** se refiere a un PC, normalmente con una torre, un teclado y un monitor, que no está diseñado para ser transportado continuamente de un sitio a otro. Los ordenadores de sobremesa suelen estar situados en un lugar permanente. La ventaja es que ofrecen más potencia y almacenamiento que las versiones portátiles. Permiten además ir actualizando sus componentes si es necesario para no quedar obsoletos.
- **Portátil:** es un ordenador especialmente diseñado para ser trasladado. Es un único equipo que integra todo lo necesario para su correcto funcionamiento: pantalla, teclado, ratón, disco duro, microprocesador, etc. Incorpora una batería que le da autonomía para funcionar sin estar conectado a la corriente eléctrica durante varias horas.

- **PDA:** son pequeños ordenadores integrados que suelen tener memoria flash en vez de disco duro. Normalmente son dispositivos táctiles sin teclado. Tienen una pequeña batería que les da bastante autonomía y su peso y sus dimensiones las hacen muy fáciles de llevar en cualquier parte.

- **Workstation:** es un ordenador de sobremesa que cuenta con memoria extra, un procesador más potente y todo lo necesario para realizar tareas especiales y de gran envergadura.

- **Servidor:** se trata de un ordenador que se utiliza para dar servicio a otros ordenadores que están conectados a él mediante una red local o internet. Suelen tener procesadores muy potentes, mucha capacidad de almacenamiento y mucha memoria.

- **Superordenador:** se trata de ordenadores que tienen capacidades de cálculo muy superiores a las de los ordenadores corrientes y son usados con fines específicos que exigen una potencia muy elevada. También hay supercomputadoras o superordenadores que son un conjunto de poderosos ordenadores unidos entre sí para aumentar su potencia de trabajo.

4. Arquitectura básica de un equipo informático

Aunque existe una amplia variedad de configuraciones de *hardware*, la mayoría de los equipos informáticos siguen el **modelo estructural básico desarrollado por John Von Neumann** a principio de la década de 1940.

Este tipo de diseño (arquitectura de Von Neumann) divide el computador en cuatro partes básicas que se representan en la siguiente figura: la unidad aritmético-lógica (ALU, por sus siglas en inglés: *Arithmetic Logic Unit*), la unidad de control, la memoria y los dispositivos de entrada y salida.

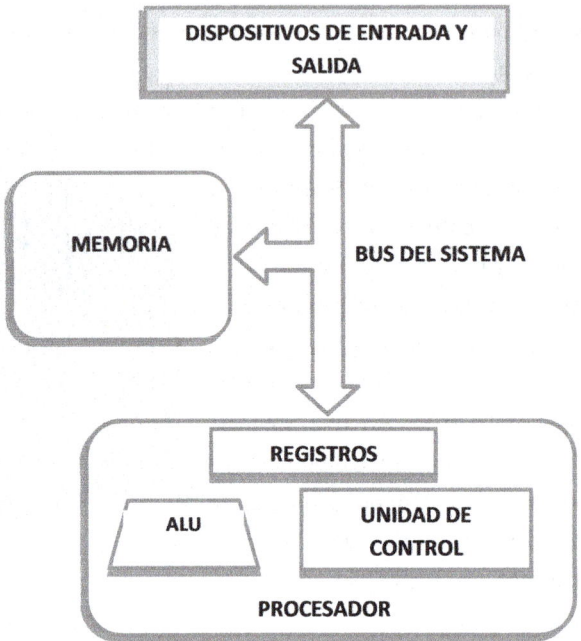

Estas secciones del *hardware* están interconectadas por los canales conductores de la información, el bus del sistema.

En el procesador, también llamado Unidad Central de Proceso (CPU), se incluyen tanto la unidad aritmético lógica como a la unidad de control.

 **¿Sabía que...?**

Al referirnos a la **arquitectura de un equipo informático** se está tratando de describir en rasgos generales la organización de los diferentes componentes según su función en el ordenador y su interrelación con otros elementos del *hardware*.

5. Componentes: Unidad Central de Proceso (CPU), memoria central y tipos de memoria

La Unidad Central de Proceso

Definición

La **Unidad Central de Proceso (CPU)** se puede decir que es el componente principal del ordenador, pues es el dispositivo que se encarga de interpretar y ejecutar las instrucciones de los programas.

Concretamente, los cuatro pasos que casi todas las CPU realizan en su modo de funcionamiento habitual son: leer, decodificar, ejecutar y escribir.

 ¿Sabía que...?

La CPU trabaja con el llamado *lenguaje de bajo nivel,* un conjunto de instrucciones muy simples compuestas por cadenas de ceros y unos, que son interpretadas por la máquina para llevar a cabo otras funciones más complejas.

En función de la velocidad con que la Unidad Central de Proceso sea capaz de realizar las operaciones que indican dichos comandos de 0 y 1, el rendimiento del ordenador será mayor o menor.

Actualmente, CPU y microprocesador son sinónimos. Con la evolución de la tecnología, en los ordenadores vigentes las funciones de la Unidad Central de Proceso están realizadas por uno o varios microprocesadores.

Definición

Circuito integrado: también conocido como chip o microchip, se trata de una pequeña pastilla de apenas unos milímetros cuadrados de superficie, compuesta por material semiconductor, sobre la que se fabrican circuitos electrónicos.

Transistor: dispositivo electrónico compuesto por material semiconductor que realiza las funciones básicas de amplificador, oscilador, conmutador o rectificador. Hoy día, el transistor forma parte de la mayoría de los aparatos electrónicos de uso habitual en los hogares y lugares de trabajo.

Un **microprocesador** se trata de un circuito integrado por millones de transistores formando un pequeño dispositivo como el que vemos en la imagen:

¿Sabía que...?

El usuario debe de valorar, en función del uso al que va a dar su ordenador, la **velocidad del microprocesador.**

Si va a emplearlo para ejecutar programas sofisticados (para diseño gráfico, infoarquitectura, dibujo asistido por ordenador, cálculos de estructuras, control numérico, etc.), deberá elegir un microprocesador que trabaje a la mayor velocidad posible para hacerlo con un buen rendimiento.

En cambio, si la computadora se pretende utilizar para ejecutar programas que requieren un bajo uso de la CPU, como los de ofimática o navegación por internet (por ejemplo), no es necesario adquirir un microprocesador muy rápido, ahorrando en el coste del equipo.

La velocidad del microprocesador se mide por la frecuencia del reloj, la cual aparece normalmente expresada en gigahercios (Ghz)

La placa base y la caja del ordenador

El microprocesador va insertado en la placa base (o madre), una gran tarjeta con una serie de circuitos impresos integrados a la que además van interconectados la gran mayoría de los componentes del ordenador.

Cada placa madre incluye un programa base, llamado BIOS, que entre otras funcionalidades permite poner en marcha el ordenador desde su primer encendido e instalar el sistema operativo.

1. ¿Qué tipo de programa es la BIOS? Busque información acerca de ello.

Esta placa madre va instalada (generalmente) en el interior una caja metálica, comúnmente conocida por *torre,* que tiene la misión de proteger a los elementos del *hardware* que alberga en su interior de los golpes o de la acción del polvo.

En ella también hay cabida para la **fuente de alimentación eléctrica** del ordenador o para los distintos **ventiladores** que disipan el calor generado por diversos dispositivos del *hardware* del equipo.

Además, posee diversos **zócalos y paneles de conexión para dispositivos externos o internos auxiliares y periféricos,** tanto en la parte frontal como posterior de la caja.

La memoria central y tipos de memoria

La memoria informática comprende aquellos dispositivos del *hardware* que sirven para retener o almacenar información destinada a ser empleada por la CPU para ejecutar los programas.

La memoria de un ordenador está compuesta (generalmente) por distintas unidades, cada una de ellas dividida en celdas y compuesta por diferentes bloques de circuitos integrados. Se comunica a la Unidad de Control de Proceso mediante el bus de direcciones.

Una tarjeta de memoria RAM

La memoria informática se divide en dos tipos: ROM y RAM.

- **ROM.** Memoria de sólo lectura (por sus siglas en inglés, *Read Only Memory*). Es el medio de almacenamiento utilizado para contener el programa *firmware* asociado a cada componente físico del ordenador, es decir, la información básica para que cada dispositivo pueda funcionar desde el inicio o incluso después del fallo general o parcial del sistema. Debido a la importancia y utilidad de esta memoria, sus datos no pueden ser modificados (al menos de forma rápida o sencilla).

- **RAM.** Memoria de acceso aleatorio (por sus siglas en inglés, *Random Access Memory*). Se trata del medio de almacenamiento que emplea el ordenador para guardar datos de forma temporal mientras ejecuta los distintos programas abiertos por el usuario. La información que se salva en la RAM se emplea como memoria volátil para que la CPU pueda llevar a cabo las instrucciones de todos los programas instalados en el ordenador. Los datos que contiene la RAM al servir para el funcionamiento de los programas que están ejecutándose en ese momento por el usuario pueden ser modificados o borrados durante la sesión en curso. Al reiniciar el equipo, los datos aquí guardados se pierden.

¿Sabía que...?

La expresión **memoria RAM** de un ordenador se utiliza hoy día para referirse a los módulos de memoria utilizados en los ordenadores.

Actualmente, la mayoría de los equipos informáticos operan con memoria tipo **DRAM** *(Dynamic Random Access Memory)*. Es dinámica, puesto que para mantener un dato almacenado requiere revisar el mismo y recargarlo cada cierto tiempo (de refresco). Este modo de funcionamiento permite almacenar más información en menos espacio físico.

En la imagen se muestran bancos de memoria RAM conectados a la placa base de un ordenador:

6. Periféricos: dispositivos de entrada y salida, dispositivos de almacenamiento y dispositivos multimedia

En el campo de la informática, el término *periféricos* se aplica a aquellos aparatos o dispositivos de *hardware* complementarios que permiten a la computadora comunicarse con el exterior, ya sea en un flujo de entrada o de salida, almacenar información de forma permanente, reproducir algún tipo de información de forma audiovisual o escrita o adquirir datos en forma de sonidos, imágenes, vídeos...

Dispositivos de entrada y salida

Definición

Los **dispositivos de entrada y salida** son aquellos que específicamente utiliza el ordenador para enviar o recibir información, intercambiándose con otro aparato informático o con el propio usuario.

Pueden clasificarse en tres categorías principales:

- **Periféricos de entrada:** aquellos que captan datos de una fuente exterior al ordenador, digitalizando dicha información para posteriormente poder ser utilizada por el usuario o por otro dispositivo. Ejemplos: teclado, ratón, micrófono, webcam, escáner, lector de CD o DVD...
- **Periféricos de salida:** dispositivos encargados de mostrar o enviar información desde el ordenador al exterior. Bien, puede tratarse de datos que el usuario precisa recibir a través de imágenes, vídeos, sonido y de forma escrita, o bien pueden ser señales eléctricas que sirven a otros aparatos informáticos para realizar alguna función. Ejemplos: monitor, impresora, altavoces, grabador de CD o DVD...
- **Periféricos de entrada/salida (E/S):** también denominados periféricos mixtos, tienen la posibilidad de transmitir cualquiera de los datos antes mencionados en flujos de entrada y salida a la vez. Ejemplos: lector/grabador de

CD o DVD, modems, *router*, memoria de almacenamiento portátil o flash, disquete...

Teclado y ratón: dos periféricos de entrada

Unidad lectora y reproductora de DVD: un periférico de E/S

Dispositivos de almacenamiento de datos

Definición

Los **dispositivos de almacenamiento** de datos son aquellos periféricos que exclusivamente se emplean para leer o escribir datos.

Esta información puede ser guardada en distintos tipos de soportes físicos en función del tipo de material que empleen: discos magnéticos, discos magnético-ópticos, tarjetas de memoria...

Normalmente, un ordenador suele tener uno o más discos duros, los dispositivos de almacenamiento de datos empleados para almacenar una gran cantidad de información durante un largo período de tiempo.

Estos se instalan de forma fija en la computadora, albergando el sistema operativo que permite arrancar el ordenador, así como los programas y datos comúnmente utilizados por el usuario.

Disco duro magnético

Otros tipos de dispositivos de almacenamiento de datos son empleados para almacenar la información en el exterior del ordenador, con el objetivo de ser intercambiada y transportada. Son los disquetes (ya en desuso), los discos ópticos (CD, DVD), discos magneto-ópticos transportables (similares a los discos duros pero externos al ordenador), las memorias flash (capaces de albergar mucha información en poco espacio físico).

Memoria flash   *Disquetes*

2. Es importante dominar las características que definen un dispositivo de almacenamiento de datos. Busque información acerca de distintos parámetros que definan a estos dispositivos.

El avance de la tecnología permite instalar en los equipos informáticos sistemas de recuperación de datos automáticos, de forma que ante un fallo en una unidad de almacenamiento de datos no se pierda información que pudiera ser de suma importancia para el usuario.

Un ejemplo es **RAID** (acrónimo de *Redundant Array of Independent Disks*), que consiste en instalar un conjunto redundante de discos independientes, que usando dos o más discos duros, siempre mantiene duplicada (al menos) toda la información de un ordenador por si uno de los dispositivos fallara.

Dispositivos multimedia

El conjunto que engloba los dispositivos de *hardware* multimedia se refiere a aquellos aparatos periféricos capaces de reproducir textos o gráficos animados, imágenes, música o vídeo.

La revolución tecnológica que se ha experimentado en estos aparatos durante los últimos años ha posibilitado que una enorme variedad de dispositivos puedan conectarse a los ordenadores para llevar a cabo distintas tareas profesionales o lúdicas.

Son equipos periféricos multimedia: cámaras de fotografía y de vídeo, aparatos reproductores de música o vídeo (en formato mp3 o mp4), teléfonos móviles, marcos fotográficos digitales, proyectores, tabletas gráficas, tabletas, agendas electrónicas, libros electrónicos…

| Tablet | Cámara fotográfica |

Actualmente, los sistemas operativos son capaces de detectar automáticamente e interactuar con todos estos dispositivos de forma rápida y sencilla.

7. Detección y resolución de fallos en dispositivos periféricos

Para resolver los problemas de funcionamiento que puedan presentar los dispositivos periféricos del equipo informático como el teclado, la impresora, el ratón, el escáner o cualquier dispositivo de audio, recurriremos a la herramienta **'Solución de problemas'** de Windows que podemos encontrar en el Panel de Control.

La ventana gráfica ofrece varias áreas para la localización y solución de problemas. Dentro del paquete **'Hardware y sonido'** se podrán prever y solventar aquellos relacionados con los dispositivos periféricos.

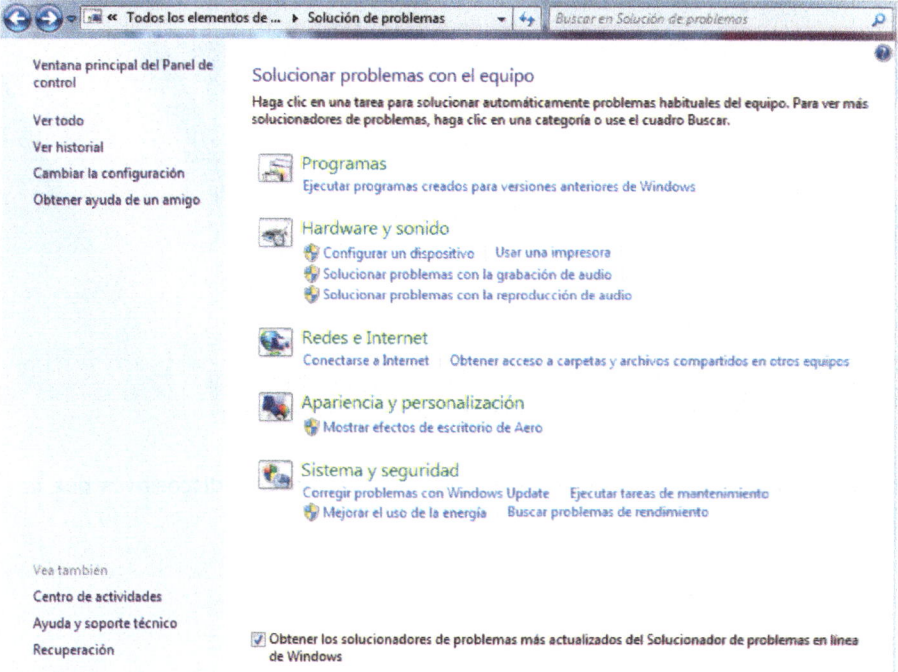

Por ejemplo, clicando en **'Configurar un dispositivo'** Windows tratará de buscar cualquier problema existente en los periféricos conectados al equipo.

Si se deja activa la opción **'Aplicar reparaciones automáticamente',** el sistema operativo realizará la corrección oportuna en la configuración del sistema para que el elemento que no funcione correctamente vuelva a un estado normal.

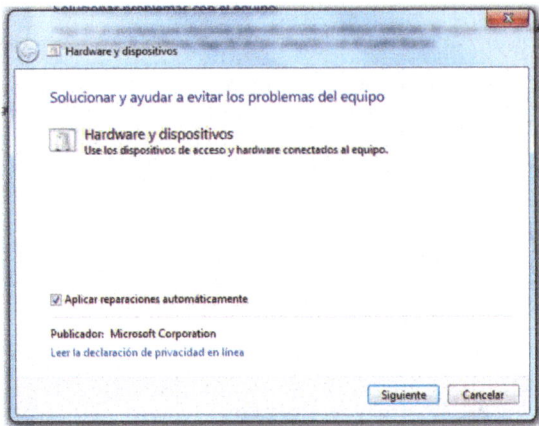

Tras clicar en **'Siguiente',** Windows comenzará a buscar posibles dispositivos que no funcionen adecuadamente.

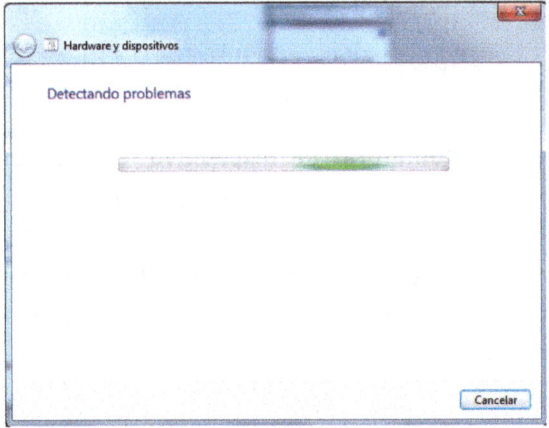

Una vez que Windows ha identificado los desajustes, procede a resolver las incidencias:

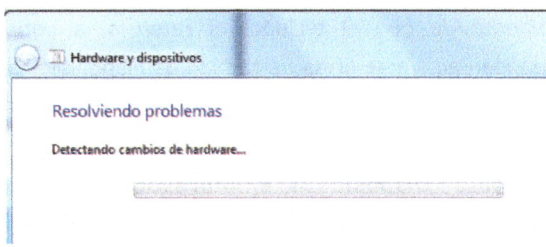

Acabo el proceso, la herramienta nos lo notifica indicando los problemas que ha solucionado y la posible causa.

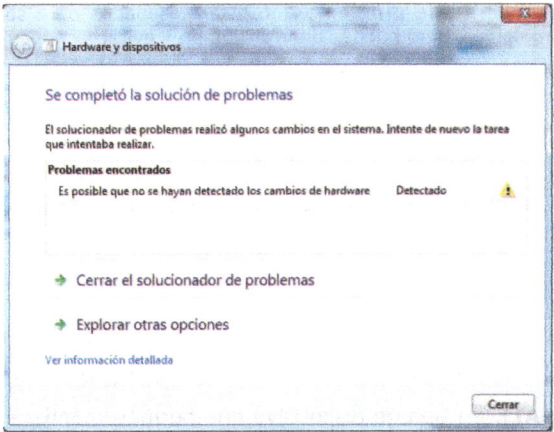

En definitiva, mediante esta tarea el sistema operativo localiza y soluciona diversos desajustes que con el paso del tiempo surgen en los equipos informáticos.

Y es que el avance de la tecnología hace que los distintos programas instalados en los ordenadores requieran nuevos controladores para sus dispositivos. Por ello, con cierta frecuencia los periféricos pueden quedar desajustados y no funcionar correctamente.

Aunque normalmente el sistema operativo detectará y solucionará los problemas automáticamente, mediante este procedimiento nos aseguramos de que el equipo está optimizado en el momento en que el usuario lo precise.

Cuando se es consciente de que el teclado, el ratón o la impresora tienen un problema, también pueden activarse otras herramientas disponibles a través del Panel de Control.

Por ejemplo, las funciones **'Dispositivos e impresoras'**, **'Mouse'**, **'Teléfono y módem'** o **'Teclado',** sirven para abrir ventanas gráficas especiales específicas de dichos dispositivos.

Importante

Los **solucionadores de problemas** no están diseñados para solucionar todos los problemas, pero pueden ahorrar tiempo y evitar inconvenientes.

8. Normas de seguridad en conexión/desconexión de equipos informáticos

Es norma habitual en las empresas que los equipos informáticos se conecten a la red eléctrica a través de elementos denominados **Sistemas de Alimentación Ininterrumpida (SAI),** un tipo de dispositivo que permite mantener la alimentación eléctrica mediante baterías cuando falla el suministro de energía habitual.

De esta forma, ante una eventual pérdida del servicio, el usuario tiene tiempo de guardar las modificaciones de los programas en curso, cerrar los programas abiertos y apagar el equipo de modo seguro.

Sistemas de alimentación ininterrumpida

Además, estos dispositivos van equipados con elementos eléctrico-mecánicos que protegen a los equipos informáticos de eventuales sobretensiones o aumentos de la intensidad llegados a través del suministro general de la corriente eléctrica. Estos fallos, aunque cada vez menos habituales en las redes eléctricas, de producirse, pueden dañar los elementos físicos del ordenador, llegando a causar importantes averías en el equipo informático e incluso la pérdida de los datos almacenados.

Para poner en marcha el equipo informático, en la zona frontal de la torre se suele encontrar el botón de encendido del ordenador. Su aspecto suele ser similar al que se muestra en la imagen que aparece a continuación.

Icono del botón de encendido de un ordenador

En algunas ocasiones el equipo cuenta con otro interruptor en la parte posterior de la carcasa protectora que se instala para cortar la alimentación eléctrica al computador. Este interruptor debe estar en la posición de paso de corriente.

Cuando el equipo informático termina de arrancar, aparecerá en la pantalla del ordenador el aspecto visual (el interfaz) del sistema operativo que esté instalado.

Llegado el momento de apagar el equipo informático, es preceptivo guardar los procesos, archivos y documentos que estén abiertos. Posteriormente, se deben cerrar las aplicaciones informáticas que los habilitan y finalmente proceder al apagado del ordenador mediante el botón del sistema operativo habilitado para ello.

Importante

Es totalmente desaconsejable apagar el equipo pulsando directamente en el botón de encendido, menos aún cuando el ordenador esté realizando alguna tarea de guardado o ejecución de programas.

En Windows localizamos dicho botón a través de la Barra de tareas.

Barra de tareas de Windows

El botón que aparece en el extremo izquierdo dicha barra se llama **'Iniciar'**. Pinchando en él, se desglosa una lista con acceso a diferentes programas instalados en el ordenador, así como a distintas aplicaciones que proporciona el propio sistema operativo.

En la parte inferior de esta sección, el botón **'Apagar'** cierra todos los programas en curso y apaga el equipo o bien, clicando en la flecha que existe a su derecha se puede reiniciar, suspender o realizar cambios de sesión para que el ordenador sea utilizado por un usuario distinto sin ser apagado.

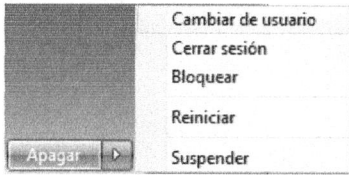

Opciones de apagado

A continuación, el sistema operativo empezará a cerrar el sistema. Hay que dejar que el equipo se apague solo, sin pulsar el botón de encendido, hasta que termine todos los procesos que el ordenador requiera.

Resumen

El **hardware** hace referencia a las distintas partes físicas que componen un ordenador.

El *hardware* se divide fundamentalmente en dos tipos: básico y complementario. En el **hardware básico** incluimos aquellas partes del ordenador fundamentales para el funcionamiento del mismo, mientras que en el **hardware complementario** se compondría de una serie de dispositivos que permiten sacar más provecho a la máquina sin ser esenciales.

Ejercicios de autoevaluación

1. Dentro del *hardware* no sólo debemos considerar las partes electrónicas de un ordenador, sino también aquellos componentes eléctricos o incluso mecánicos y electromecánicos.

a) Verdadero.

b) Falso.

2. Son distintos tipos de *hardware*: entrada, almacenamiento, procesamiento y...

a) E/S.

b) Entrada/salida.

c) Salida.

3. Indique una clasificación de *hardware* usualmente empleada.

a) Básico y secundario.

b) Primario y secundario.

c) Básico y complementario.

4. Relacione cada elemento de *hardware* con su tipo:

a) ALU   1) Básico

b) Lector/grabador DVD

c) Memoria

d) CPU   2) Complementario

e) Escáner

5. En el procesador se incluyen...

a) La memoria, el bus del sistema y la CPU.

b) La unidad aritmético-lógica y la unidad de control.

c) La memoria y los dispositivos de entrada y salida.

6. Se podría afirmar que la memoria es el componente principal de un ordenador.

a) Verdadero.

b) Falso.

7. Es importante, en función del uso al que se va a dar al ordenador, valorar la velocidad del microprocesador que se precisa instalar.

a) Verdadero.

b) Falso.

8. ¿Cómo se llama el programa base que incluye cada placa madre existente en un ordenador?

a) RAID.

b) BIOS.

c) ROM.

9. Relacione cada dispositivo con el tipo de periférico del que se trata:

a) Altavoz   1) Entrada

b) Lector/Grabador CD

c) Escáner   2) Salida

d) Ratón

e) Impresora   3) Entrada/salida

10. Es norma habitual en las empresas que los equipos informáticos se conecten a la red eléctrica a través de elementos denominados...

a) Unidad central de procesamiento (CPU).

b) Sistemas de Alimentación Ininterrumpida (SAI).

c) Unidad aritmético-lógica (ALU).

U. D. 2. Transmisión interna personal de documentación

Introducción

En esta unidad didáctica estudiaremos la enorme importancia que tienen los procesos de comunicación interna en las empresas.

Tanto de forma hablada como escrita, como de forma digital o en papel, una organización seria debe tener preestablecidos los procedimientos de transmisión interna personal de la documentación.

La comunicación de órdenes, planes y estrategias de trabajo, la transmisión o transferencia de documentos (pedidos, albaranes, planos, etc.) deben seguir las directrices marcadas por el plan de comunicación de la empresa, que en el caso de las grandes compañías generalmente es encargado de confeccionar a un departamento específico.

Además de realizar estos procesos de forma ordenada y acorde a unos procedimientos o normas preestablecidas, veremos la vital importancia que tiene una actitud de escucha positiva por parte de los trabajadores en el día a día de las empresas.

Desde los cargos de más alta responsabilidad hasta los de menor rango, la comunicación fluida y el esfuerzo por que esta sea cordial y profesional deben ser una nota común.

Por ello, al finalizar el tema nos deben ser familiares térmicos como escucha activa, *feedback* o cultura de comunicación.

1. La actitud de escucha activa en la recepción de instrucciones de trabajo

Una actitud de escucha activa en una cualidad de la comunicación que asegura que el mensaje es comprendido.

La escucha activa no solo consiste en prestar atención a la información que se está recibiendo, alcanza también el esfuerzo por interpretar y comprender el mensaje que se recibe. Pero hay más: conlleva mostrar a quien nos transmite la comunicación nuestro interés por lo que nos quiere contar, lo que reforzará su confianza y a su vez redundará en que el mensaje sea transmitido de forma más eficaz.

Para tener una actitud de escucha activa es preciso tener en cuenta las pautas que desglosamos en los siguientes apartados.

1.1. Principios básicos de comunicación oral

La comunicación oral es fundamental en cualquier ámbito de la vida y, cómo no, en el sector profesional.

Un **alto dominio del lenguaje escrito y hablado** es primordial para transmitir correctamente instrucciones, ideas, órdenes, opiniones…, tareas que en el día a día de cualquier ocupación laboral,

sea cual sea su responsabilidad, se realizan continuamente y precisan una comunicación eficaz y sin inequívocos.

Para que un discurso o una simple orden o mensaje sea comprendido perfectamente el interlocutor debe tener en cuenta una serie de conceptos para que su recepción sea correcta.

En la comunicación oral podemos diferenciar lo que se dice verbalmente de lo que se transmite de forma no verbal. En el primer caso, estamos haciendo referencia a las palabras que el comunicador emplea, así como al tono de voz que utiliza para destacar ciertos tramos del mensaje, suavizar otros, enfatizar algún término, etc.

Igualmente importante es la comunicación que se transmite de forma no verbal: a través de la mirada, los gestos faciales, la postura, los movimientos de manos y brazos, la distancia del orador a los oyentes...

Saber conjugar todos estos aspectos para difundir un mensaje es la base de una buena comunicación oral. Estudiemos a continuación cuáles son los principios básicos de una correcta comunicación oral.

Principios de una correcta comunicación oral

Motivación
- Cualquiera que sea el tipo de mensaje o su extensión debe iniciarse exponiendo el objetivo por el que se transmite para que el receptor entienda el motivo por el que recibe la información.

Estructura
- El mensaje debe transmitirse bien ordenado; si es largo (por ejemplo un discurso, una presentación), estructurado en diferentes partes que den coherencia a la totalidad de la información expuesta. Siempre con el objetivo de que el oyente asimile fácilmente qué se le quiere decir.

Asertividad
- El comunicador debe transmitir una idea con confianza. No sólo debe saber lo que dice, sino que es fundamental que dé la sensación de que también domina la materia de la que habla. Si una u otra característica de la comunicación fallan, el mensaje no llega.

Profundidad
- El interlocutor debe saber indicar más o menos profundidad o énfasis a cada parte del mensaje para que el receptor capte la información más importante de todo el discurso, la tarea o la idea transmitida. Para ello puede jugar con la entonación, las pausas o la ayuda de otras herramientas gráficas que acompañen al mensaje.

Reiteración
- En la línea del anterior punto, es importante repetir aquellas partes fundamentales del mensaje, de forma que la reiteración de distintas frases, palabras o sonidos lleguen al receptor y adquiera la idea a transmitir de forma más eficaz.

Simplicidad
- Para que una idea se transmita de forma eficaz, es un requisito imprescindible que esta llegue de la forma más limpia posible, sin interferencias de otros conceptos, mensajes o información que puedan enturbiar lo que de forma prioritaria se pretende transmitir.

Concreción
- Es importante que el comunicador se centre en la idea que quiere transmitir, sin entrar en divagaciones o mezclar otros mensajes, ideas u órdenes con lo que verdaderamente se precisa transmitir en ese momento.

Empatía
- El mensaje debe ser educado, cortés, afable. La cercanía al receptor es fundamental; si el comunicador se pone en la situación emocional, laboral o física del oyente, su mensaje llegará con más facillidad a este.

1.2. Tipos de comunicación (interpersonal, masiva y organizacional)

Definición

Podemos definir la **comunicación** como el proceso de transmitir y recibir información o ideas entre individuos.

La comunicación es lo que hace posible que los seres humanos interactúen y sean sociables. De hecho, la sociedad se establece gracias a la capacidad de la especie humana para transmitir conocimientos, sentimientos, experiencias, etc., de una persona a otra.

Podemos distinguir muchos tipos de comunicación según el criterio que estemos utilizando. Por ejemplo, verbal-no verbal (como ya hemos referido), gráfica, privada, pública, recíproca, unilateral, etc.

En este caso vamos a distinguir tres tipos de comunicación en función del número de personas a las que se transmite el mensaje y la situación en que ocurre:

- Comunicación interpersonal.
- Comunicación masiva.
- Comunicación organizacional.

Comunicación interpersonal

Definición

La comunicación interpersonal es aquel tipo de comunicación oral en la que el interlocutor manifiesta algún tipo de información, pensamiento, deseo, etc., a un sujeto receptor con el objetivo de que este último tenga acceso a dicha información transmitiéndola de forma cercana, de tú a tú, cara a cara.

Se considera la forma de comunicación más primaria. Es la más directa y personal, en la que se produce la interactuación entre emisor y receptor del mensaje, es decir, se establece un diálogo franco entre ellas.

Aunque es un tipo de comunicación que se establece en el entorno profesional, su origen arranca en la infancia, cuando se establecen las primeras relaciones interpersonales a través de un lenguaje no verbal. Por ello, se puede afirmar que **la comunicación interpersonal es la forma de comunicación más importante del ser humano.**

En la comunicación interpersonal se pueden distinguir los siguientes **elementos:**

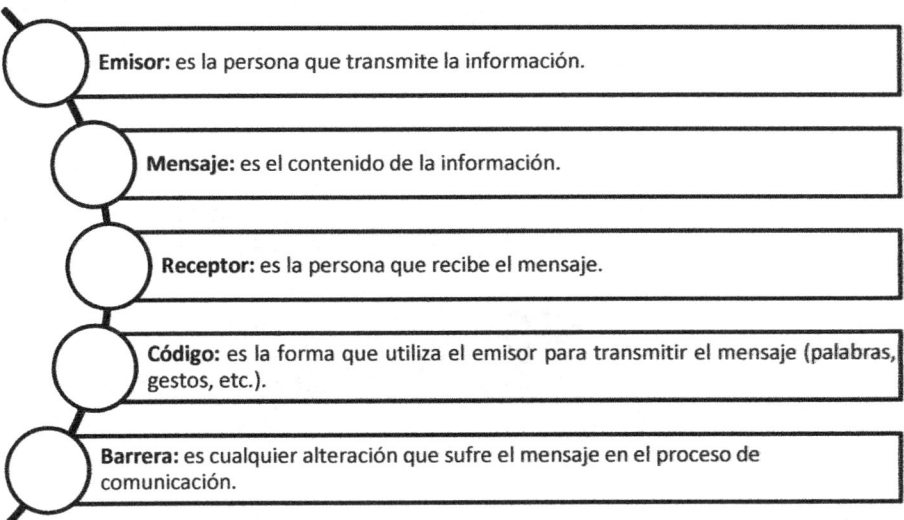

Emisor: es la persona que transmite la información.

Mensaje: es el contenido de la información.

Receptor: es la persona que recibe el mensaje.

Código: es la forma que utiliza el emisor para transmitir el mensaje (palabras, gestos, etc.).

Barrera: es cualquier alteración que sufre el mensaje en el proceso de comunicación.

Los **canales mediante los cuales se puede realizar la comunicación interpersonal** son:

- **Verbal:** la forma más directa para transmitir el mensaje al receptor. El debate, la mesa redonda, la discusión, etc., se tratan de formas de comunicarse rápidas y directas que permiten la retroalimentación, es decir, la respuesta, con lo que el orador puede percatarse de qué parte del mensaje no está siendo entendida y modificar o puntualizar la información que está compartiendo.

- **Escrito:** comprende cualquier tipo de mensaje escrito transmitido de forma personal y directa entre el emisor y el receptor, es decir, cualquier medio tangible para efectuar una comunicación interpersonal (e-mail, carta, telegrama, fax...).

El problema de este tipo de comunicación es que normalmente la respuesta suele tardar y, al no ser algo instantáneo, el receptor puede no llegar a entender el sentido del mensaje. Igualmente, la retroalimentación o *feedback* es menos eficaz.

- **No verbal:** se refiere a la comunicación gestual o postural. Este canal puede servir de complemento a la comunicación interpersonal verbal o bien como recurso cuando no se quiere o no se puede dialogar.

Su objetivo es ayudar a entender el mensaje verbal, añadiendo valor a algunas palabras o silencios del comunicador.

Comunicación masiva

Definición

La **comunicación masiva** es aquel tipo de comunicación oral que se lleva a cabo entre un comunicador y un grupo de personas. El ejemplo más clásico es una conferencia, aunque esta puede llegar realizarse para unas pocas personas o para un público masivo.

La comunicación masiva también comprendería por tanto un mitin o un congreso, pero utilizando otros canales de transmisión abarca la formalización de un mensaje a través de una video-conferencia (para dirigirse a distintas personas de una empresa presentes en sendas delegaciones territoriales) o incluso los mensajes realizados a través de un programa de radio o de televisión.

La principal **ventaja** de la comunicación masiva es la capacidad de poder llegar a un gran número de personas con un solo discurso o mensaje.

En cambio, este modo de comunicarse carece de una retroalimentación eficaz como en la comunicación interpersonal: solo en una conferencia o discurso el interlocutor, si cuenta con suficiente experiencia, puede lograr percibir de parte del público si su mensaje está o no llegando.

En los otros modos no tan directos debe recurrirse a otros procedimientos para conocer en qué grado el mensaje ha llegado al público objetivo.

En este tipo de comunicación oral, es fundamental que el orador cuente con un gran **carisma,** que sepa transmitir un mensaje en público, que sea asertivo...

Un líder de la comunicación puede ser capaz de cambiar la opinión de sus receptores o influir de forma importante en su percepción de un determinado hecho o circunstancia.

Comunicación organizacional

Definición

La **comunicación organizacional** es aquel tipo de comunicación oral que, al igual que la comunicación masiva, se lleva a cabo entre un comunicador y un grupo de personas, pero con la particularidad de que el público objetivo pertenece a una misma organización, empresa, entidad u organismo.

Es un modo de comunicación habitual dentro de las grandes empresas, que necesitan dar las mismas instrucciones a personal que se encuentra en distintas dependencias de un edificio, en distintos departamentos, delegaciones o incluso países.

El mensaje, por tanto, suele ser para realizar **comunicaciones formales relacionadas con la actividad profesional:** órdenes concretas de trabajo, nuevas estrategias de ventas o comerciales, la aparición de una nueva normativa técnica o legal, cambios en la estructura, en los horarios o normas internas de la compañía, etc.

El principal **objetivo** de esta comunicación es dotar de eficacia la difusión de una idea, instrucción, premisa de trabajo, etc., que de otra forma requeriría mucho tiempo y esfuerzo transmitir.

La comunicación organizacional en las empresas suele contar con **sistemas preestablecidos,** tanto en la forma como en el modo de hacer llegar el mensaje, dependiendo de si este quiere llegar a un departamento en concreto, a una delegación determinada, a toda la empresa. Y es que incluso podría tratarse desde un mensaje de felicitación hasta el nombramiento de un nuevo responsable o directivo, pasando por cualquier instrucción de trabajo grupal o personal.

1.3. *Feedback* ascendente y descendente en la comunicación

En diversos momentos de los anteriores apartados se ha empleado el término *feedback*. Se trata de un anglicismo que en español se podría utilizar de forma más correcta como *retroalimentación*.

Definición

El **feedback** hace referencia a la cualidad de la comunicación que permite al comunicador recibir por parte del emisor sus respuestas, sugerencias, reacciones, etc., con el objetivo de llevar a cabo los cambios oportunos en el mensaje y en la forma de transmitirlo, de forma que éste llegue de forma más clara y eficaz al público.

Un buen *feedback* es aquel que funciona de forma bidireccional, es decir, que tanto comunicador como receptor colaboran en la realimentación del mensaje, de forma que ambos consigan una comunicación más fluida en ambos sentidos.

De igual forma que se hablaba de una comunicación interpersonal por tres canales (verbal, no verbal y escrita), la retroalimentación en la comunicación puede llegar por las mismas vías.

Comunicador y receptor, pero sobre todo el primero, deben saber interpretar por las palabras, gestos, posturas o textos, en qué grado el mensaje está llegando al receptor con el objetivo de adaptar sus canales de comunicación.

Y es aquí donde recuperamos otro concepto tratado: la escucha activa. Mientras el orador transmite su mensaje, debe prestar su atención en captar si el oyente está recibiendo este.

De nada sirve dejar un mensaje si no se atiende a qué devuelve el receptor; con una escucha activa podremos asegurarnos de que la comunicación es eficaz y fluida.

1.4. Elementos que acompañan a la comunicación oral

La comunicación oral se compone de una serie de elementos indispensables, cada uno con sus funciones y características. Estudiemos a continuación cada uno de ellos.

Elementos de la comunicación oral

Emisor
- Quien genera la comunicación y, por tanto, la persona (o entidad) que elige el contenido, el medio y el modo de transmitirlo.

Código
- Se refiere a la estructura y organización del contenido del mensaje que se pretende transmitir. También comprende el conjunto de sonidos (palabras), imágenes y gestos elegidos para la comunicación.

Mensaje
- Es el contenido de la comunicación en sí, la información que se pretende transmitir.

Canal
- Se trata del soporte físico en el que se transmite el mensaje: voz, teléfono, e-mail, vídeo-conferencia, radio, televisión. Cada tipo de mensaje tiene un canal más adecuado de transmisión que otros.

Receptor
- Quien recibe el mensaje. No tiene por qué ser una figura pasiva; en la mayoría de los casos se requiere que muestre actividad y capacidad de respuesta.

Decodificación
- El proceso de descifrado (compresnsión) del mensaje por parte del receptor.

Barrera
- Obstáculo que interfiere en la comunicación entre comunicador y receptor. Puede ser otra persona, un rasgo psicológico temporal, una situación laboral, el propio recinto...

Situación
- Entorno físico, ambiental, espacio-temporal y psicosociológico en que tiene lugar la comunicación.

Contexto
- Se emplea este término en lugar de 'situación' cuando nos referimos a los momentos exclusivamente anteriores y posteriores a la emisicón de un determinado mensaje y que pueden influir de forma particular en la compresnsión del mismo.

Feedback
- Ya definido anteriormente, se refiere a la capacidad de retroalimentar el mensaje mediante la comunicación entre emisor-receptor.

1.5. Comunicación efectiva en interpretación de instrucciones de trabajo

En el mundo profesional es indispensable que se establezcan canales de comunicación efectivos, de forma que las instrucciones, ideas, órdenes, etc., se transmitan de manera rápida y correcta, sin malas interpretaciones, y que lleguen de forma íntegra y sin alterarse al destinario (o destinatarios).

Se pueden distinguir distintos tipos de comunicación interna, de acuerdo al sentido del flujo de la comunicación.

Comunicación vertical descendente

Definición

La **comunicación vertical descendente** es la que se realiza desde los directivos o responsables de área de las empresas hacia los empleados de menor rango en la cadena de mando o de responsabilidades.

Este tipo de comunicación suele transmitirse de forma escalonada, es decir, aunque un mensaje determinado puede transmitirse desde el más alto cargo de una empresa a todos sus empleados (por ejemplo, una felicitación general), lo habitual es que una instrucción pase de un rango jerárquico en la escala de responsabilidades, al siguiente y, a su vez, de éste último al que le precede.

En esos saltos, el mensaje va llegando a cada nivel de la empresa en relación al nivel de responsabilidad que tiene, las obligaciones con que cuenta o el nivel de control sobre las personas a su cargo de cada profesional.

Los instrumentos más empleados para la transmisión de la comunicación vertical descendente son:

- **Manual del empleado.** Aunque su función la realiza fundamentalmente al inicio de la actividad de un trabajador en su cargo, su utilidad puede ir más allá que esas primeras jornadas. En el libreto trata de reflejarse cuál es la filosofía de la empresa, su historia, sus objetivos y retos, la estructura y organización de la misma, etc. E incluso en muchas de ellas se indica cuál es la responsabilidad del trabajador que recibe el manual, sus derechos y sus deberes con el cargo que ostenta.

- **Manual de procedimientos.** Se trata de un cuaderno que explica de forma más explícita las responsabilidades del trabajador. Además de conocer cuáles son sus deberes y obligaciones, se indica de forma detallada cuales son los procedimientos de trabajo marcados en la empresa para realizar su trabajo, las pautas de seguridad a adoptar, la forma de comunicarse con otros compañeros o departamentos, etc.

- **Comunicados para mandos intermedios.** Hay ciertos tipos de decisiones o instrucciones dentro del ámbito de la empresa que marcan resoluciones o acuerdos a nivel global, los cuáles deben llegar a solo a los mandos intermedios de la empresa para, de acuerdo a esos objetivos, marcar las instrucciones y tareas específicas a las personas que estén a su cargo.

- **Tablón de anuncios, correo electrónico, folletos de seguridad.** En el día a día de la actividad empresarial es habitual que se indique comunicación descendente en diversos canales:
    - El **tablón de anuncios** puede servir para informar sobre aspectos generales y a medio-largo plazo de interés para muchos empleados.
    - El **folleto de seguridad** cumple una misión similar específica en el campo de la seguridad y la higiene en el trabajo.
    - El **correo electrónico,** aun pudiendo cumplir el mismo cometido que los otros dos canales, suele ser usado para dar instrucciones más concretas e inmediatas o urgentes.

Comunicación vertical ascendente

Definición

La **comunicación vertical ascendente** se refiere al tipo de comunicación que sirve para establecer el *feedback* desde los trabajadores hacia las cadenas de mando.

Mediante la comunicación vertical ascendente, los jefes de departamento y los directivos conocen los problemas, inquietudes, dudas y sugerencias que tienen los trabajadores de menos responsabilidad en la cadena de mando.

De esta forma se establece un canal de comunicación bidireccional, esa realimentación del mensaje tan importante de la que se ha hablado en apartados anteriores.

Importante

Establecer un **canal fluido** (pero ordenado) en sentido ascendente asegura a la empresa la capacidad de mejorar y solucionar errores o problemas en la compañía.

Sin la puesta en marcha de una comunicación ascendente, las personas con un nivel jerárquico en la empresa podrían estar ajenas a los problemas importantes de la organización.

Para ello se suelen establecer reuniones periódicas departamentales o interdepartamentales o asambleas para facilitar el intercambio de ideas y opiniones.

De forma menos dinámica pero igualmente efectiva, también es conveniente crear buzones de sugerencias, encuestas de calidad, de satisfacción laboral o de seguridad.

Comunicación horizontal

Definición

La **comunicación horizontal** se refiere al tipo de comunicación que se establece entre trabajadores con el mismo nivel de responsabilidad o jerárquico en la empresa. Se puede producir a cualquier nivel: entre directivos, mandos intermedios o trabajadores con menos responsabilidad.

Este tipo de comunicación es esencial para tomar decisiones de forma conjunta o llevar a cabo las tareas de forma coordinada, sin redundar esfuerzos de forma innecesaria o bien para no dejar alguna tarea sin hacer, indicar, finalizar o para realizar un correcto seguimiento de la misma y que otras personas se hagan responsables de ella en otros turnos o jornadas de trabajo.

Desde el más alto al más bajo nivel jerárquico es fundamental que toda la empresa trabaje con una sola idea, que haya una misma política de empresa o que las tareas se realicen de la misma forma por todos los empleados.

En este caso, el canal de trasmisión más efectivo suele ser la comunicación oral interpersonal o bien de forma escrita, el correo electrónico.

La inmediatez y la necesidad de contar con la seguridad de que el mensaje ha sido transmitido son cualidades fundamentales que debe tener este tipo de comunicación.

Comunicación externa

Si para el buen funcionamiento de la empresa es fundamental una buena comunicación interna, que proporcione una organización eficaz de las políticas, decisiones, responsabilidades y tareas de la compañía, no lo es menos que se establezca un canal de comunicación externo fluido y correcto.

Importante

La comunicación con el cliente, los proveedores o con la administración pública debe tener establecida dentro de la empresa una serie de **procedimientos estandarizados** que aseguren un contacto eficaz, hábil y con rápida capacidad de repuesta con el exterior.

Una comunicación externa ha de ser fluida para no causar interferencias en las ventas, pedidos o bien con los requerimientos de la administración pública.

Una buena comunicación externa sirve como canal de promoción de la propia empresa. Cualquier malentendido puede llevar al traste la relación con un cliente, el retraso en un pago o un cobro, la respuesta a un requerimiento de un organismo público.

Igualmente, desde el punto de vista comercial, los canales de comunicación de cada empresa sirven para promocionar sus productos o servicios. Independientemente de que la compañía opte por un canal de publicidad u otro, la comunicación directa con el cliente es la mejor forma de fidelizar una relación productiva.

En muchos casos las grandes empresas cuentan con departamentos exclusivos dedicados a llevar a cabo la comunicación externa, o bien cada área cuenta con un responsable encargado de esta misión.

Generalmente, el uso del correo electrónico, el fax o el correo postal son los medios más adecuados para realizar este tipo de comunicación, que a menudo requiere que quede fehacientemente demostrado que se ha realizado por cualquiera de dichos medios.

En los últimos años, las redes sociales se postulan como otra vía para la comunicación con posibles clientes y proveedores. Si bien su uso puede reportar algunos inconvenientes por su carácter informal en muchos casos, en otros casos, en redes sociales profesionales, pueden considerarse como una buena herramienta para establecer un canal de comunicación fresco y directo.

2. Incidencias en la transmisión

Como en cualquier ámbito profesional, la realización de los procedimientos de comunicación (tanto interna como externa) está sujeta a errores: incidencias en la transmisión de las informaciones que deben ser analizadas y solventadas por las empresas para asegurar el correcto funcionamiento de las mismas.

Estas interferencias e incidencias comunicativas pueden gestarse en diferentes elementos del procedimiento de la comunicación. Se indican a continuación los factores más frecuentes que provocan una mala comunicación en las empresas.

El receptor de la información debe contar con la **actitud** adecuada para recibir la comunicación correctamente. A veces, por circunstancias del trabajo (saturación, estrés o distrés laboral, mal ambiente...) o de la situación personal fuera del entorno laboral, la propia persona que ha de recibir el mensaje no está dispuesta a ello, al menos en un porcentaje aceptable.

La **predisposición del destinatario** se antoja como un factor clave a analizar en el proceso de comunicación, pudiendo ser una de las mayores incidencias del proceso.

En otras ocasiones, cuando la comunicación es interpersonal directa, la existencia de un **conflicto personal** entre el emisor del mensaje y su receptor puede ser la causa de la interferencia.

Es importante que la persona encargada de transmitir la información sepa **expresarse correctamente.** En este sentido hay que considerar tanto una buena oratoria como una adecuada escritura. La pronunciación, la utilización de un vocabulario rico y preciso o la correcta sintaxis son requisitos indispensables para que el mensaje salga claro del interlocutor.

Si la comunicación es masiva, la persona que habla deberá ser capaz de dominar la situación y los nervios para dirigirse a una audiencia, tener una buena voz y dicción, contar con la predisposición para entablar el diálogo (propiciar el *feedback*), encajar las críticas, etc.

 **Consejo**

Recuerde que para que el flujo de comunicación sea correcto, la persona que lanza el mensaje debe saber conducir la situación para crear un canal de realimentación. No facilitar este proceso puede ser una grave interferencia en la comunicación.

También hay que señalar la existencia de un **entorno físico** no adecuado como una posible traba en la comunicación. Un ambiente ruidoso puede hacer imposible entender un mensaje en una zona laboral determinada (la maquinaria de una fábrica, una obra, el ruido ambiente urbano...).

En otras ocasiones **la iluminación, el calor, la alta humedad relativa** pueden ser factores que no ayuden a prestar atención al mensaje.

Si, por ejemplo, el canal de comunicación es el teléfono y este no funciona bien, puede que las interferencias no posibiliten entender el mensaje. Cuando se emplea el correo electrónico, una desincronización del *software* de gestión puede ser la causa de que no lleguen los mensajes a los destinatarios. La **tecnología,** por tanto, también puede ser un factor a vigilar.

Estas últimas interferencias se podrían agrupar como **barreras físicas.** En este conjunto, incluiríamos igualmente un **lugar de trabajo** en el que existe un excesivo trasiego de personas que interrumpen la comunicación o que pasan constantemente por el lugar de la reunión desviando la atención.

La distracción en la comunicación también puede llegar del hilo musical que existe en algunos lugares de trabajo o de conversaciones cercanas por una mala configuración de los puestos de trabajo.

Por último, también hay que indicar las **barreras de tipo organizativo y administrativo** que a menudo surgen en el entorno laboral. En este capítulo se pueden incluir múltiples factores.

La **mala gestión de la información** en la empresa puede propiciar una correcta comunicación externa o interna ascendente, descendente u horizontal. Esto ocurre cuando los procedimientos son complejos, lentos o descoordinados entre distintos departamentos. A menudo, estas trabas causan la pérdida de documentos.

La **falta de planificación** en la formalización de los comunicados, la **ausencia de medios** humanos y técnicos para facilitar la comunicación o un **entorno laboral** que no ayude establecer canales de comunicación sólidos entre los compañeros de trabajo son otro tipo de barreras relacionadas con la gestión y la organización de las empresas.

Analizados todos los factores, es obligación de la empresa implantar un plan de seguridad de la información que actúe para responder a las incidencias en la comunicación, estableciendo protocolos para prevenir los problemas y, si estos ocurren, cómo notificar, gestionar y actuar para resolverlos.

Este plan puede contar con las siguientes **herramientas:**

- **Formularios de incidencias.** Documento estandarizado en el que de forma resumida se dé cuenta del problema ocurrido. Se indicarán los datos más importantes: fecha, hora, soporte técnico en el que ocurrió el error, entre qué personas o departamentos tuvo lugar la incidencia, problemas que se derivaron del error.
- **Sistema de notificaciones de incidencias.** Los formularios generados deben quedar registrados en un sistema informático de notificaciones de incidencias, que sirva de base estadística a los responsables del plan para mejorar la gestión del mismo.
- **Respuesta-solución.** Tras verificar que se ha producido una incidencia, el plan contará con una pauta correspondiente según el tipo de error producido, con el objetivo de subsanar la contingencia lo más rápido y eficazmente posible.

3. Protocolo

De todo lo visto anteriormente se deduce que en todas las empresas es preciso establecer un **protocolo de comunicación** con el objetivo de que el proceso de transmisión de la información sea eficaz.

No se trata de un hecho excepcional; el área de comunicación de una compañía debe contar, como cualquier otro departamento (administración, contabilidad, recursos humanos, seguridad, I+D, instalaciones, etc.), de procedimientos claros que definan la forma de realizar las comunicaciones en función de las circunstancias que las rodeen.

Para establecer un protocolo de comunicación, el grupo de trabajo asignado debe contar con **el apoyo y el reconocimiento del área directiva de la empresa,** quien debe asignar los medios técnicos/tecnológicos y humanos precisos para que el protocolo sea eficaz.

Además, deberá hacerse un exhaustivo **análisis de los flujos de comunicación existentes** (si la empresa ya estuviera en marcha) o de los previstos, en función del área de actividad de la compañía, los diferentes departamentos con que cuente, los medios asignados y los posibles flujos y canales de comunicación que la empresa genere.

En base a dicho análisis, se establecerán los **métodos y objetivos del protocolo.** Es decir, el procedimiento detallado de cómo debe realizarse cualquier tipo de comunicado, ya sea vertical, horizontal, interno o externo.

Una vez realizado el protocolo de comunicación, será el momento de **concienciar a todo el personal** de la importancia de llevar a cabo los procedimientos que el protocolo cree.

La implantación de las pautas de comunicación debe ser asimilada por la organización y los trabajadores como parte intrínseca de sus responsabilidades: es la **cultura de comunicación.**

El protocolo de comunicación se acabará traduciendo en el **plan de comunicación,** el cual debe establecer un sistema de recogida de datos, un sistema de medios de transmisión de datos y un sistema de almacenamiento de la información.

El **sistema de recogida de datos** se trata de un sistema de gestión informatizado que se encarga de recopilar, grabar y organizar el trasiego datos precisos para establecer las futuras comunicaciones en el desarrollo de la actividad empresarial.

Ejemplo

El área de contabilidad contará con un sistema de recogida de datos para su marco de la actividad, con datos sobre clientes y proveedores (nombres, CIF, domicilio, fiscal, etc.), estado de cuentas (pagos, cobros, aplazamientos...), previsión pagos y cobros en el calendario, etc.

Mediante la confección de archivos de bases de datos, posteriormente se realizan las comunicaciones buscando la información precisa en los campos que albergan dichos ficheros.

¿Sabía que...?

Una **base de datos** es una recopilación de información organizada y relacionada entre sí. De este modo podremos acceder de manera rápida y sencilla a la información que necesitemos en cada momento.

Para trabajar con bases de datos, se utilizan los denominados **sistemas gestores de bases de datos (SGBD).** Entre ellos el más empleado es Microsoft Access 2010, que forma parte de la suite Microsoft Office 2010.

Al pertenecer a este paquete ofimático, Access ofrece la posibilidad de compartir información con el resto de aplicaciones del mismo (Word, Excel, etc.), lo cual facilita el intercambio de información entre distintos tipos de ficheros.

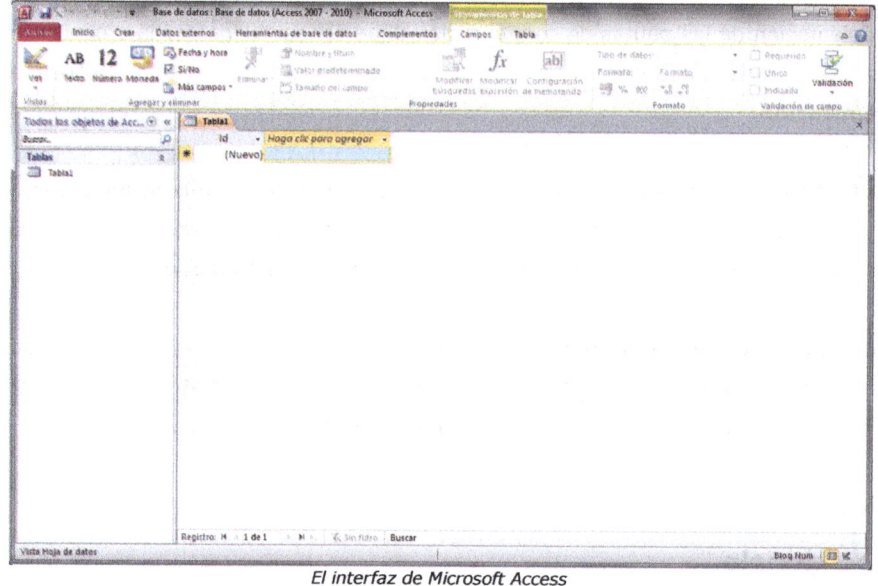

El interfaz de Microsoft Access

El **sistema de medios de transmisión de datos** es el que se encarga de la instalación, la gestión y el mantenimiento del *software* y el *hardware* necesarios para difundir la información por los canales interiores y exteriores elegidos.

Respecto al *software* de los medios de transmisión de datos, encontramos programas como Outlook o Exchange para la gestión del correo electrónico y el trabajo de equipos informáticos en red, así como Microsoft Access para su gestión y tratamiento (como ya se ha referido antes).

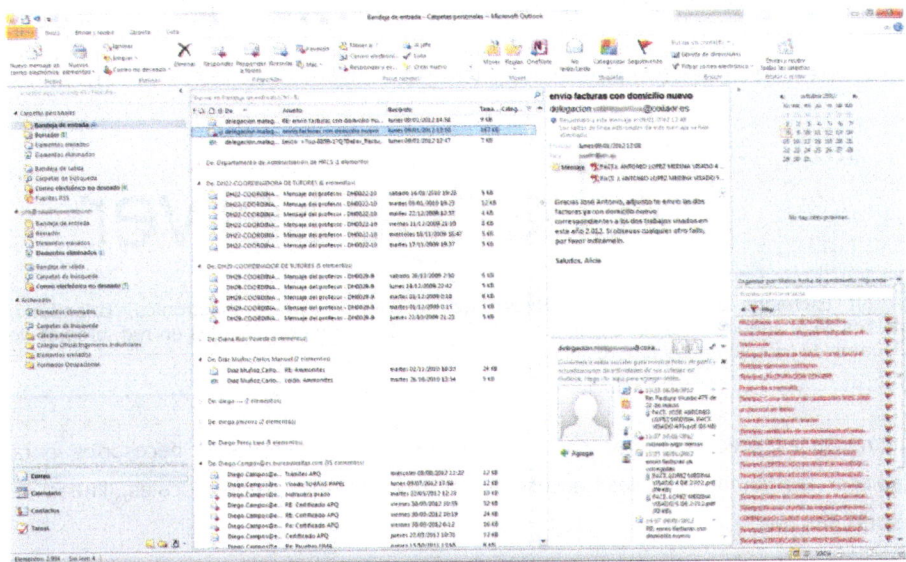

Aplicación de gestión de correo electrónico

Las aplicaciones de correo electrónico permiten actualmente registrar de forma automática y segura los aspectos más importantes de la transmisión de información: sentido, flujo, hora de los mensajes, personas implicadas en la comunicación, confirmación de lectura y entrega de los correos, archivos que fueron adjuntados...

 **¿Sabía que...?**

Entre los distintos gestores de correo existentes, el más utilizado es Outlook de Microsoft.

Podríamos definir el *software* de correo electrónico como el servicio de red que permite a los usuarios enviar y recibir mensajes de forma inmediata a través de sistemas de comunicación electrónicos.

Para el trabajo con recursos compartidos, es necesaria la instalación de un sistema operativo específico para este tipo de conexión.

Esto a su vez, facilitará la ejecución de *software* dedicado para el trabajo organizado que permita compartir recursos como el correo electrónico, dispositivos periféricos como impresoras o escáneres, lugares físicos comunes para almacenamiento de datos del archivo documental, etc.

Microsoft Exchange Server es un *software* de gestión de correo electrónico, calendario, contactos de la agenda y tareas específico para grupos de trabajo conectados en red, propios de los lugares de trabajo en las empresas.

Igualmente es preciso contar con los equipos físicos *(hardware)* necesarios para establecer las comunicaciones: acceso a internet, intranet, redes locales, líneas de teléfono, fax, etc.

Las redes de trabajo necesitan de al menos un servidor para proveer y organizar los servicios compartidos a los distintos computadores conectados a él, que se denominan *estaciones de trabajo*. Además, para crear una red de área local (**LAN**) es necesario interconectar físicamente los ordenadores mediante placas de red, cables y concentradores.

Los **sistemas de almacenamiento** son aquellos elementos del *hardware* (periféricos en este caso) que exclusivamente se emplean para leer o escribir datos.

Esta información puede ser guardada en distintos tipos de soportes físicos, en función del tipo de material que empleen: discos magnéticos, discos magnético-ópticos, tarjetas de memoria...

Normalmente, un ordenador suele tener uno o más discos duros, dispositivos de almacenamiento de datos empleados para almacenar una gran cantidad de información durante un largo período de tiempo.

Estos se instalan de forma fija en la computadora, albergando el sistema operativo que permite arrancar el ordenador, así como los programas y datos comúnmente utilizados por el usuario.

Disco duro magnético

Otros tipos de dispositivos de almacenamiento de datos son empleados para almacenar la información en el exterior del ordenador con el objetivo de ser intercambiada y transportada. Son los disquetes (ya en desuso), los discos ópticos (CD, DVD), discos magneto-ópticos transportables (similares a los discos duros pero externos al ordenador), las memorias flash (capaces de albergar mucha información en poco espacio físico).

Memoria flash y distintas unidades de disquetes

El avance de la tecnología permite instalar en los equipos informáticos sistemas de recuperación de datos automáticos, de forma que ante un fallo en una unidad de almacenamiento de datos, no se pierda información que pudiera ser de suma importancia para el usuario.

Y concretamente en el ámbito profesional, el almacenamiento de la información suele realizarse en unidades específicas, comunes para todos los trabajadores, alojadas en recintos especialmente habilitados para ello, que cumplen unas normas de seguridad y gestión avanzadas.

Mediante el sistema operativo se pueden administrar y coordinar los dispositivos de almacenamiento instalados, así como organizar los archivos y directorios de los distintos dispositivos de almacenamiento.

De la misma manera que se archiva la documentación en papel clasificada por facturas, clientes, proveedores, normativas, fotografías, CD de música, DVD de películas, etc., con el sistema operativo se puede realizar lo mismo, organizando la información contenida en los sistemas de almacenamiento en carpetas virtuales.

Cada carpeta es como un contenedor de información, más o menos relacionados entre sí, de acuerdo al criterio del usuario.

Dichas carpetas se pueden nombrar de una forma distinta, albergar distintos tipos de documentos, fotografías, música, películas, etc., y asimismo puede incluir otras subcarpetas.

3.1. Recepción

Es norma habitual en las organizaciones empresariales o en las entidades oficiales, utilizar documentos en papel o en formato digital que sirvan para dar entrada a la información de forma oficial en el sistema de almacenamiento.

Es decir, un formulario estandarizado en el que tanto la persona, la empresa o la entidad que aporta la información como la receptora de dichos datos indiquen de forma clara quién la condujo, en qué fecha, el motivo por el que se hizo, los documentos concretos que se adjuntaron, así como cualquier otra información relevante que pueda ser de interés a ambas partes (como una referencia a un número de expediente, el departamento al cual se remiten los datos, etc.).

De esta forma, ante un eventual problema, un extravío de la información o simplemente para facilitar la trazabilidad de un expediente, se tiene constancia formal de la recepción de los archivos o datos correspondientes, ayudando a resolver las incidencias que se pudieran causar o a bien organizar la documentación tratada.

JUNTA DE ANDALUCIA CONSEJERÍA DE ECONOMÍA, INNOVACIÓN, CIENCIA Y EMPLEO
Delegación Territorial de Málaga

D./Dª._____ con D.N.I.: _____

actuando en su propio nombre o en representación de _____

_____con C.I.F./D.N.I.: _____ domicilio en C/. _____

_____ municipio_____ localidad _____ C.P. _____

Nº Expediente (si procede)_____ , e-mail _____

Teléfono fijo _____ Teléfono móvil _____

EXPONE:

_____
_____
_____
_____
_____
_____
_____
_____
_____
_____
_____
_____
_____

DOCUMENTOS QUE SE ACOMPAÑAN:

_____
_____
_____
_____

SOLICITA, que previos los trámites reglamentarios y, si procede se acceda a lo interesado.

Málaga,_____ , de _____ de _____
(firma del solicitante)

Avda. Juan XXIII, 82. 29006 Málaga

MOD. CM - 11

Un ejemplo de formato de recepción de información

Si el formato de presentación de documentación es en papel, la recepción se hace mediante un tipo de formato que admite una duplicado mediante el calco para que ambas partes cuenten con el escrito formalizado.

Actualmente, cada vez está más extendida la generación de documentación de forma digital, habiendo de igual forma distintos métodos para dejar constancia de la recepción de la documentación entregada, de forma que se creen copias para todas las partes implicadas en el proceso de transferencia de los datos.

3.2. Resolución

En el trasiego de documentación de las empresas y organismos, es usual que se generen algunas incidencias por algún descuido, error o por no cumplir las normas indicadas en el plan de comunicación.

Cuando el departamento de comunicación detecte cualquier incidencia, deberá emitir una resolución identificando el tipo de problema hallado, las soluciones para corregirlo y las responsabilidades que surjan, si las hubiera.

3.3. Comunicación de la resolución

Los departamentos o personas implicadas en las incidencias en la transmisión de la documentación (interna o externa) deberán hacer frente a la resolución decretada conforme al protocolo interno establecido, con el doble objetivo de solucionar el problema surgido y de tratar de no volver a cometerlo.

Actuando de esta forma, se ayuda a instaurar la cultura de comunicación de la que se hablaba en un apartado anterior.

4. Actitud positiva en resolución de conflicto

La aparición de una incidencia en el sistema de comunicación de las empresas, además de acarrear el problema correspondiente sobre el tratamiento de la información, puede traer consigo algún conflicto de tipo personal-profesional entre los individuos implicados en el incidente.

Un problema relacionado con la forma de realizar la recepción de la documentación, de su transferencia o transmisión, o bien problemas de actitud en la escucha o comunicación de las órdenes y mensajes, puede desatar un conflicto sobre el ámbito de la responsabilidad de la tarea que en algunos casos incluso deriva en la confrontación personal, más allá del plano profesional.

Importante

Un buen **plan de comunicación** también debe prever las pautas a seguir en estos casos, creando la figura de algún responsable que medie en la resolución de dichos conflictos.

Esta persona debe analizar las competencias profesionales de cada persona o departamento involucrado en las incidencias, promoviendo una actitud positiva para la resolución y el entendimiento de todas las partes.

Dicho responsable de resolución de conflictos deberá detectar las personas implicadas (y sus responsabilidades), el procedimiento que falló dando causa a la incidencia y la causa que provocó el conflicto.

5. Entrega de la documentación

Se ha visto en párrafos anteriores la vital importancia que tiene para la organización empresarial la entrega de la documentación de acuerdo a formatos estándar que reflejen de forma clara qué se entrega, a quién, cuándo, dónde...

5.1. Normas

Tanto si se trata de un procedimiento de transmisión interno como externo, deben recogerse de manera precisa en el plan de comunicación una serie de normas que regulen el procedimiento a seguir.

Para el bien de la organización y de la productividad de la empresa, no puede tratarse de una tarea espontánea o que no esté de acuerdo a ningún modo predefinido.

La actividad de la empresa determinará las normas a seguir para la entrega de la documentación. Como es lógico, no es lo mismo una compañía que se dedique al sector de la industria que al de la economía, o una que trate datos de carácter personal que aquella que solo maneje datos de fabricación de piezas o de dispositivos electrónicos.

Cada organización determinará las normas a seguir en el proceso de comunicación: el tiempo y la obligación de respuesta, la forma de comunicar al destinatario la comunicación, la necesidad de rellenar actas o formularios de entrega, etc.

5.2. Destinatario

Aunque en el día a día de una empresa se realizan muchas comunicaciones de tipo oral, las decisiones más importantes, relevantes o trascendentes deben quedar por escrito, para que de forma fehaciente quede demostrado que remitente (o remitentes) y destinatario (o destinatarios) se dan por enterados del mensaje o de la recepción de determinados documentos.

Si se produce por medios electrónicos (generalmente el medio más usado es el correo electrónico, aunque también pueden ser mediante *software* apoyado en redes de intranet, internet o cualquier otro programa de gestión privado) se pedirá la conformidad y constancia de lectura del mensaje enviado al destinatario.

Cuando se produce por medio escrito, es preceptiva la firma de un documento en el que el receptor confirme que ha receptado una orden o un documento.

5.3. Plazos

Cuando la entrega de la comunicación es interna, el plazo de respuesta a la misma será establecido por la empresa de acuerdo a sus propios protocolos. Para cooperar en un funcionamiento eficaz y dar agilidad a los procesos de comunicación, el plan de comunicación debe exigir celeridad en las respuestas para que las decisiones y responsabilidades que impliquen los comunicados sigan con su curso natural.

Cuando las comunicaciones se realizan en un canal externo a la empresa, deberá seguirse el protocolo de la otra organización o del plazo pactado entre ambas empresas.

Por ejemplo, en las comunicaciones oficiales siempre se indican en todos los escritos plazos de respuesta máximo de 7, 10 o 15 días naturales o hábiles, dependiendo de la jurisdicción en que se circunscriba el comunicado.

5.4. Procedimientos

Es preceptivo notificar al remitente la llegada del mensaje entrante. Aunque no haya respuesta, la sola confirmación de la lectura de la comunicación puede ser válida para el remitente.

Los programas de gestión de correo electrónico tienen esta función implementada. Por ejemplo, mediante Microsoft Outlook es posible que el remitente de un correo electrónico pida al destinatario (o destinarios) que confirme la recepción del e-mail. Para ello, en la cinta de opciones del programa, se activará la casilla **'Solicitar una confirmación de lectura'** que aparece en la pestaña **Opciones,** dentro del grupo **'Seguimiento'.**

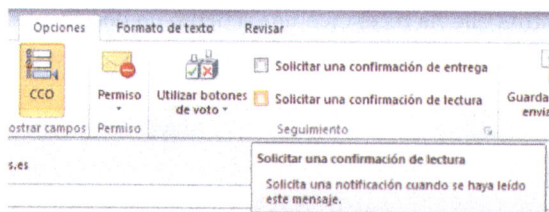

Opción para solicitar una confirmación de lectura de un e-mail en Outlook

Al recibir el mensaje, el destinatario también visualiza una ventana como esta.

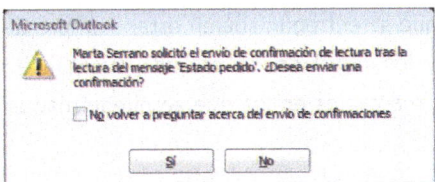

Cuadro de diálogo para solicitar la confirmación de lectura

Pinchando en **'Sí'** devolverá dicha confirmación, que llegará al otro usuario en forma de correo electrónico. Clicando **'No'** no se envía la confirmación de lectura del e-mail.

> ## Importante
>
> Si la comunicación es interna, la empresa debe exigir que tanto el remitente como el receptor del correo realicen sus respectivas tareas.

Cuando la entrega de la documentación se realiza en formato papel, la persona o entidad que la hace y la que recibe la información deben quedarse con un documento que sirva para confirmar la transmisión de documentación entre ambos.

5.5. Formatos de entrega establecidos

Tanto en formato digital como en papel, es usual emplear formatos de entrega de la documentación estándar. La actividad de la empresa o entidad marcará el modelo a seguir.

Se suelen utilizar formatos que constan de una zona en la que se identifican remitente y destinatario de la información. En esa parte del documento también suele haber campos para indicar un número de expediente, algún departamento o área implicado el en documento o cualquier otro dato que sirva para realizar una correcta trazabilidad de la comunicación. La parte inferior suele reservarse para indicar los documentos que se adjuntan.

Puesto que los archivos que se entregan suelen estar siempre dentro de un abanico de documentos predefinido, los registros de entrada cuentan a menudo con listados acompañados de casillas marcables en los que se puede marcar el documento que se entrega.

EMPRESA S.A.
Oficina de Relaciones Internacionales

Formulario – *Entrega de documentación – Programa Propio*

Apellidos	
Nombre	
DNI	
e-mail	
Teléfono móvil	
Teléfono fijo / familiar	
Universidad de destino	
Periodo de estancia	☐ Cuatrimestre agosto/septiembre – enero/febrero ☐ Cuatrimestre febrero/marzo – junio/julio ☐ Curso completo

Checklist – Se entrega la siguiente documentación:

☐ Formulario de solicitud
☐ Copia del pasaporte
☐ Fotos (¿cuántas?)
☐ Carta de motivación / de presentación
☐ Carta/s de recomendación (¿cuántas?,...)
☐ CV
☐ Carta aval / del banco (Certificado de suficiencia financiera)
☐ Certificado de idioma
☐ Formulario de selección de asignaturas / Propuesta del plan de estudios
☐ Portafolio (estudiantes de Bellas Artes, Diseño, Arquitectura, Edificación,...)
☐ Certificado de nacimiento
☐ Formulario de vacunación
☐ Formulario de alojamiento
☐ Certificado de antecedentes penales
☐ Certificado médico
☐ Copia póliza de seguro médico
☐ Otros: _____

Fecha: _____   Firma: _____

Ejemplo de registro de entrega con casillas marcables de documentos estándar

La fecha y la firma de la persona que hace entrega de los documentos es una información indispensable en todo registro de entrega. Esta información suele indicarse en la parte inferior del documento.

Otros ejemplos de registros de entrega habituales en las empresas son los albaranes, facturas, pedidos, listados de asistencia o de material, etc., que cada compañía u organización tiene preestablecidos para que sus trabajadores sólo tengan que llenar los campos precisos.

U. D. 2. Transmisión interna personal de documentación

Resumen

En los epígrafes anteriores hemos estudiado las principales directrices que marcan la **transmisión interna personal de la documentación.**

En primer lugar, se analizó la importancia de una correcta **actitud de escucha** por parte de los trabajadores, la cual debe ser promovida en sentido ascendente, descendente y horizontalmente en las organizaciones.

La **actitud positiva** y la **predisposición a generar el *feedback*** en la comunicación son aspectos primordiales en este campo. Asimismo se estudiaron los principios básicos que deben tenerse en cuenta en la comunicación oral, tanto directa como organizacional o masiva.

Como en cualquier ámbito profesional, la comunicación está sujeta a la posibilidad de que surjan **incidencias** en el transcurso de la misma. Por ello, en la segunda parte de esta unidad didáctica se estudió qué problemas pueden surgir, cómo preverlos y cómo solventarlos.

La correcta actuación para la resolución de conflictos en la comunicación, la adopción de una actitud positiva para afrontarlos, así como la creación de unas normas para tratar de que no se produzcan o repitan, o bien para decidir qué hacer en el caso de que surjan, deben estar recogidos en el **plan de comunicación de las empresas.**

U. D. 2. Transmisión interna personal de documentación

Ejercicios de autoevaluación

1. Una actitud de escucha activa es una _____ de la comunicación que asegura que el mensaje es comprendido.

   a) Simplificación.

   b) Obligatoriedad.

   c) Cualidad.

2. En la escucha activa debe implicarse...

   a) El comunicador y su interlocutor.

   b) Solo el que habla.

   c) Solo el receptor del mensaje.

3. Indique tres principios de una correcta comunicación oral:

   a) Liderazgo, simpatía y asertividad.

   b) Motivación, simplicidad y empatía.

   c) Asertividad, liderazgo y discurso.

4. Cuando la comunicación es entre personas, directa, que incluso permite el diálogo, se llama...

   a) Si es entre empleados de distinto rango, organizacional.

   b) Interpersonal.

   c) Abierta.

5. ¿Qué término español refleja mejor el *feedback* en la comunicación?

   a) Escucha activa.

   b) Retroalimentación.

   c) Comunicación ascendente y descendente.

6. ¿Qué tipo de instrumento es el manual de empleado?

a) Un instrumento de comunicación vertical descendente.

b) Un documento de seguridad y salud en la empresa.

c) Un instrumento de comunicación vertical ascendente.

7. ¿Qué se persigue con la comunicación vertical ascendente?

a) Obtener las reivindicaciones de los trabajadores.

b) Establecer un canal de comunicación con los mandos de la empresa para alimentar el *feedback* y mejorar la organización, productividad, seguridad, etc., en la empresa.

c) Poner de manifiesto los problemas de la empresa.

8. La predisposición del receptor de un mensaje es un factor clave en el proceso de comunicación dentro de las empresas.

a) Verdadero.

b) Falso.

9. Para establecer un protocolo de actuación, es preciso...

a) Que el departamento asignado cuente con el respaldo de la directiva para crearlo y llevarlo a cabo.

b) Que se haga un exhaustivo análisis de los flujos de comunicación existentes, así como de los medios técnicos y humanos con los que se cuenta.

c) a) y b) son correctas.

10. Un buen plan de comunicación también debe prever las pautas a seguir en estos casos, creando la figura de algún responsable que medie en la resolución de dichos conflictos.

a) Verdadero.
b) Falso.

U. D. 2. Transmisión interna personal de documentación

U. D. 3. Transmisión interna informatizada de documentos

Introducción

En la actualidad el uso y dominio del correo electrónico se antoja como una tarea fundamental para cualquier usuario de un ordenador. Con ese objetivo encaramos los siguientes apartados de esta nueva unidad didáctica.

Empezaremos por conocer los principales términos que usaremos a lo largo de todo el tema para seguidamente conocer cómo funciona esta herramienta ofimática.

Más adelante profundizaremos en las herramientas que proporcionan los gestores de correo electrónico, programas que se instalan en nuestro ordenador con el objetivo de administrar de forma eficaz la cuenta (o cuentas) de correo que poseamos.

Por último, veremos el uso y manejo de la intranet.

1. Funcionamiento

Para poder realizar un intercambio de correos electrónicos, como es lógico, tanto remitente como destinatario deben contar con una dirección (o cuenta) de correo electrónico, o sea, el equivalente al buzón del correo postal.

Dichas direcciones de correo se obtienen a través de un proveedor de correo, que es el servidor que ofrece a los usuarios el servicio de envío y recepción de e-mails.

De forma genérica, esta es la forma estándar de dirección de correo electrónico: usuario@proveedordecorreo.com.

Cada dirección de correo electrónico define de forma única al usuario.

Como se explicó antes, el primer término indica el nombre elegido para identificar a la persona o empresa usuaria del servicio y tras la arroba aparece el servidor (proveedor) en que se aloja.

La extensión .com puede variar según el proveedor, es decir, en función del dominio en el que esté alojado puede ser .es, .it, .net, .org, etc.

Distintos usuarios de un mismo proveedor de correo no pueden contar con el mismo nombre de usuario. Estas etiquetas van siendo reservadas por orden de llegada al servicio.

Al darse de baja en un servicio de correo, el proveedor puede asignar el nombre nuevamente.

Existen múltiples proveedores de correo electrónico. Muchos de ellos son gratuitos y ofrecen un servicio bastante aceptable para otorgarle una función privada o incluso profesional.

Ejemplos de proveedores gratuitos: Gmail, Terra, Yahoo, Hotmail, Gandhi...

A veces, por la capacidad de almacenamiento el servidor de correo o porque el usuario prefiere un nombre de dominio particularizado a su empresa, se contratan servidores de correo que ofrecen una serie de servicios adaptados al cliente.

 **Ejemplo**

Si nuestra empresa se denomina EMPRESA, quizás nos interese desde el punto de vista de imagen que la dirección de correo electrónico sea usuario@empresa.com en lugar de usuario@hotmail.com.

Para contar con una cuenta de correo electrónico es necesario acceder a uno de los servidores como los indicados antes y registrarse, siguiendo los sencillos pasos que en cada caso la compañía solicite.

El proveedor nos pedirá un nombre de usuario que no esté en uso y una contraseña de acceso.

Registro

Para registrarse debe completar la siguiente información

Escriba su
identificador

Dirección de correo electrónico

Seleccione la opción

◉ **Quiero una dirección de correo electrónico de Terra**

NuevoUsuario @terra.es

◯ **Quiero utilizar mi dirección de correo electrónico**

Elija una
contraseña

Contraseña

Repita la contraseña

Escriba una contraseña entre 6 y 15 caracteres.
Válidas letras (excepto ñ y vocales acentuadas), números, guión, subrayado y punto.
Se distingue entre mayúsculas y minúsculas.

Aviso sobre la contraseña

Importante

Una **contraseña** será más segura cuanto más larga y más combinaciones de números, letras y caracteres especiales posea.

Trate de contar con distintas contraseñas y cambiar estas cada cierto tiempo, aunque lógicamente es pertinente tener las claves salvaguardadas en algún lugar seguro en papel.

No confíe nunca a personas desconocidas sus claves de acceso.

1. Si no cuenta con una dirección de correo electrónico, consiga una a través de alguno de los proveedores gratuitos sugeridos antes.

Normalmente, es preciso contestar distintas cuestiones de seguridad que solicita el proveedor de correo; esto puede servir para asegurarse de que el usuario que solicita el registro no se trata de un robot o para facilitar a este su contraseña si en un futuro la pierde.

Una vez abierta la cuenta de correo electrónico, tenemos la posibilidad de operar con ella a través de la web del propio proveedor del servicio, mediante el navegador de internet (por simplificar, correo web) o bien instalar en nuestro ordenador un gestor de correo electrónico (lo que se va a estudiar en el siguiente epígrafe).

Si no instalamos ningún gestor de correo, enviaremos, recibiremos y borraremos e-mails únicamente a través del navegador de internet. Toda esa información residirá únicamente en el proveedor del servicio de correo electrónico.

Instalando un gestor, ese paquete de datos, que contendrá nuestros correos electrónicos enviados, recibidos e incluso las direcciones electrónicas de los contactos, residirá también en nuestro equipo. En cualquier caso, podremos trabajar en paralelo, operando con nuestro correo a la vez desde ambos sistemas de gestión.

2. Tipos (correo electrónico y red local)

La generalización del uso de los equipos informáticos en las empresas ha hecho que el trabajo en equipo, la distribución de tareas o la compartición de datos e información sea posible de forma mucho más sencilla y eficaz.

Es habitual que entre los trabajadores de un mismo departamento o área de trabajo, e incluso entre aquellos de distintos ámbitos de responsabilidad, se compartan archivos informáticos para llevar las tareas diarias.

Para ello, las redes locales y el correo electrónico se convierten en las herramientas informáticas ideales para llevarlo a cabo.

Las **redes locales** (red de área local o LAN, del inglés *Local Area Network*) se tratan de una serie de ordenadores y *software* conectados entre sí por medios de unos dispositivos físicos que permiten dicha interconexión.

De esta forma, cada usuario conectado a la red local puede ver, acceder, modificar y eliminar los archivos y carpetas que otros usuarios de la red habilitan para ser compartidos.

Con este método de trabajo, varias personas pueden compartir información de forma rápida y eficaz, en tiempo real.

Por ejemplo, cuando un trabajador acabe con la realización un pedido, otro puede empezar a gestionar la compra del material, mientras que un tercero se encargaría de formalizar la logística que conllevaría la entrega o recepción del material.

Asimismo, el trabajo con redes locales, permite que un mismo dispositivo periférico como puede ser una impresora, sea compartida por los ordenadores conectados a ella, permitiendo a la empresa un ahorro en material y espacio.

El **correo electrónico** es otro medio muy habitual para compartir información en las empresas. Mediante el intercambio de e-mails entre los usuarios, se pueden adjuntar archivos (documentos de texto, hojas de cálculo, bases de datos, presentaciones, imágenes…), así como los mensajes, comunicados, órdenes, pautas, etc., que los distintos trabajadores, responsables o departamentos necesiten transmitir a sus compañeros o a otras empresas.

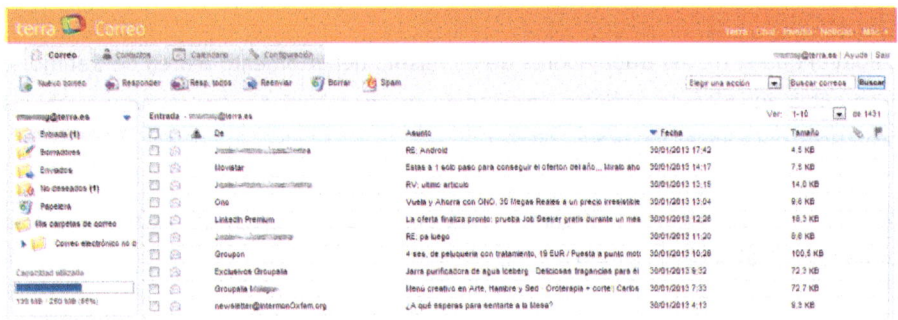

Una ventana de correo web

Hay que distinguir entre dos formas de transmisión del correo electrónico: el envío y recepción de e-mails mediante el correo web o bien mediante un *software* de gestión de correo electrónico.

El **correo web** se trata de un sitio web cuya función específica es ofrecer el servicio de envío y recepción de correo electrónico.

Para poder realizar un intercambio de correos electrónicos, como es lógico, tanto remitente como destinatario deben contar con una dirección (o cuenta) de correo electrónico, o sea, el equivalente al buzón del correo postal.

Dichas direcciones de correo se obtienen a través de un proveedor de correo, que es el servidor que ofrece a los usuarios el servicio de envío y recepción de e-mails.

Este sistema, en la actualidad, no es empleado habitualmente por las empresas, pues no cuenta con tantas funcionalidades y ventajas como la utilización de programas de gestión del correo electrónico, reduciéndose estas a las tareas básicas de envío, recepción y creación de listados de contactos.

Importante

Si no se instala ningún gestor de correo, el envío, recepción y borrado de e-mails se realiza únicamente a través del navegador de internet. Toda esa información residirá únicamente en el proveedor del servicio de correo electrónico, con el peligro que ello conlleva para la seguridad y organización de la empresa.

Instalando un **gestor de correo,** ese paquete de datos, que contendrá los correos electrónicos enviados, recibidos e incluso las direcciones electrónicas de los contactos, residirá también en los equipos informáticos de la empresa. En cualquier caso, es posible trabajar en paralelo, operando con el correo a la vez desde ambos sistemas de gestión.

Un gestor de correo electrónico es un *software* específico que opera con una o varias cuentas de correo electrónico, añadiendo una serie de funcionalidades.

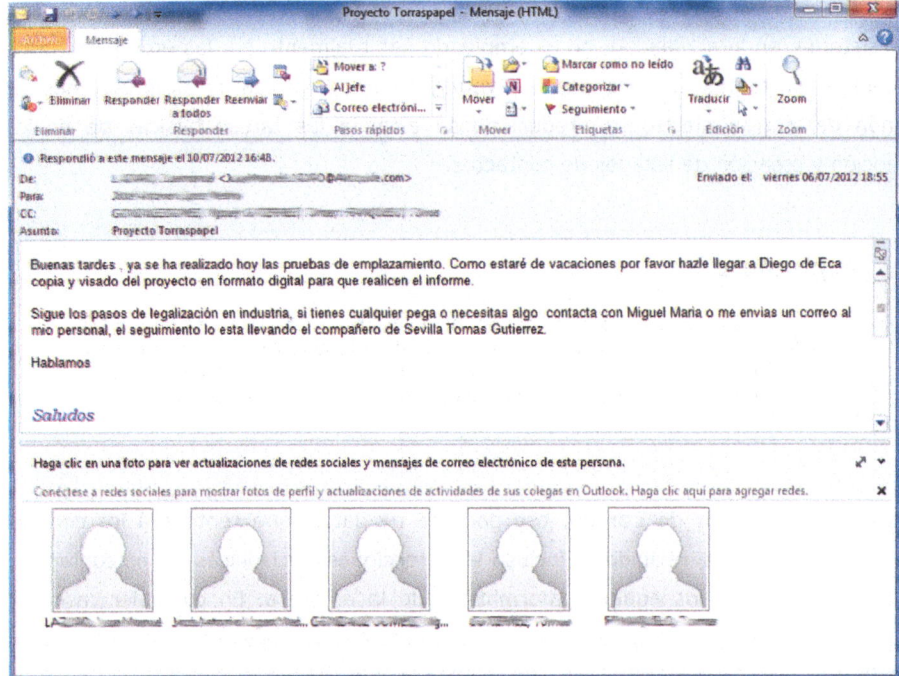

Una ventana de gestor de correo electrónico

Entre las **características añadidas que puede aportar un gestor de correo electrónico** destacan:

- **La posibilidad de unificar en una sola ventana de trabajo distintas cuentas de correo,** de forma que pese a tener el usuario distintas direcciones de e-mail, únicamente opere con una bandeja de entrada y de salida, si así lo prefiere.
- **Dotar a los textos de una presentación más cuidada,** gracias a que incorporan utilidades propias de los procesadores de texto.
- **Combinar las tareas de envío y recepción de correo electrónico con otras asociadas: agenda, contactos, calendario, tareas...,** interrelacionando estas funciones entre sí con el objetivo de organizar de una forma óptima el trabajo o las relaciones personales.
- **Una interfaz más sencilla y agradable que la ofrecida en la ventana del navegador,** más parecida a las ventanas de exploración del sistema operativo.

- **La posibilidad de contar aún sin conexión a internet con el buzón de entrada y de salida de todos los e-mails.** Cuando se accede a un proveedor de correo en internet, sólo podemos tener acceso a nuestros e-mails con la conexión vigente. Y aun estando operativa, a menudo hay que reiniciar el servicio pues este se interrumpe por razones de seguridad.

Entre los distintos gestores de correo existentes, el más utilizado es **Outlook, de Microsoft.**

3. Gestores de correo electrónico

Además de poder acceder a una cuenta de correo electrónico a través de nuestro navegador favorito, podemos instalar en el equipo un gestor de correo electrónico, que es un *software* específico que opera con una o varias cuentas de correo electrónico, añadiendo una serie de funcionalidades.

Entre las **características añadidas** que puede aportar un gestor de correo electrónico destacan:

- La posibilidad de unificar en una sola ventana de trabajo distintas cuentas de correo, de forma que pese a tener el usuario distintas direcciones de e-mail, únicamente opere con una bandeja de entrada y de salida si así lo prefiere.
  Dotar a los textos de una presentación más cuidada, gracias a que incorporan utilidades propias de los procesadores de texto.
- Combinar las tareas de envío y recepción de correo electrónico con otras asociadas: agenda, contactos, calendario, tareas…, interrelacionando estas funciones entre sí con el objetivo de organizar de una forma óptima el trabajo o las relaciones personales.
- Una interfaz más sencilla y agradable que la ofrecida en la ventana del navegador, más parecida a las ventanas de exploración del sistema operativo.
- La posibilidad de contar, aun sin conexión a internet, con el buzón de entrada y de salida de todos los e-mails. Cuando se

accede a un proveedor de correo en internet, sólo podemos tener acceso a nuestros e-mails con la conexión vigente. Y aun estando operativa, a menudo hay que reiniciar el servicio pues este se interrumpe por razones de seguridad.

Entre los distintos gestores de correo existentes el más utilizado es Outlook de Microsoft.

 **Consejo**

El primer paso cuando se instala un gestor de correo electrónico requiere de la **configuración de la cuenta o cuentas que posea el usuario** para ser visibles desde el *software.* Esta tarea se escapa del alcance de este libro y debe ser realizada por usuarios más expertos o profesionales de la informática.

Para iniciar Outlook clicaremos en el icono instalado en el escritorio o bien a través del botón Inicio/Todos los Programas/Microsoft Office/Microsoft Outlook. En este caso arrancamos la versión correspondiente a 2010:

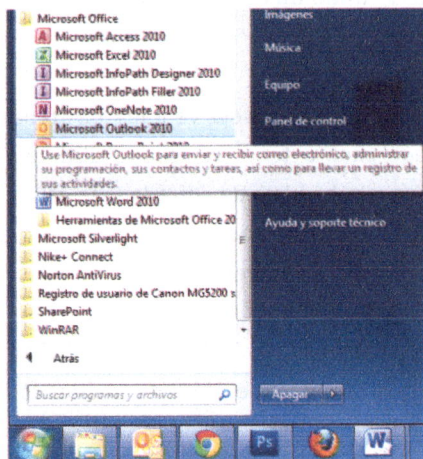

3.1. Ventanas

Al iniciar el programa nos encontraremos una ventana mostrando un interfaz con el siguiente aspecto:

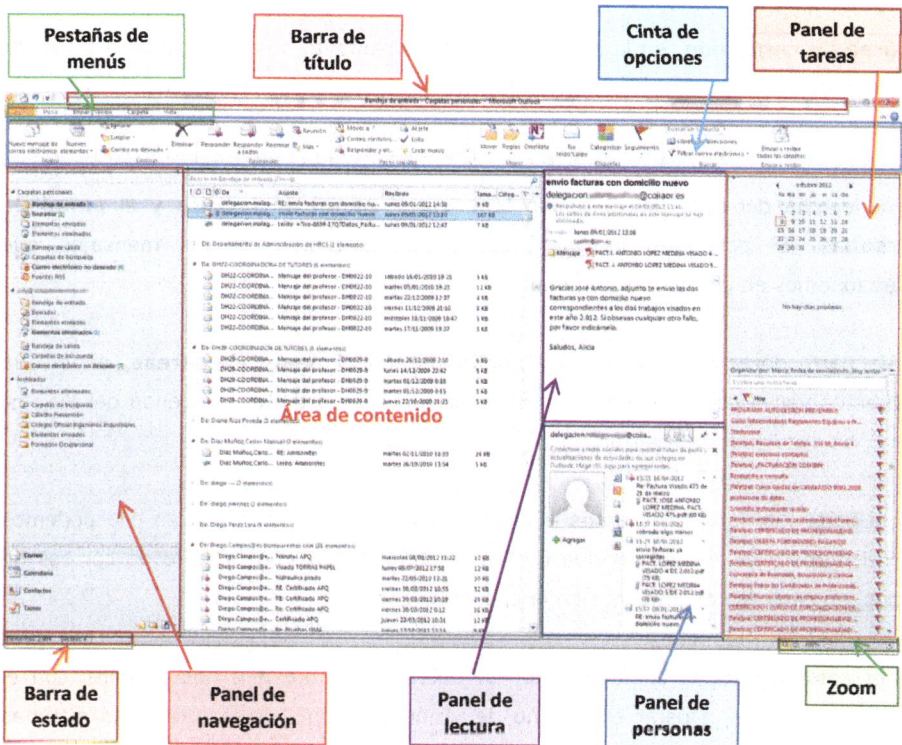

En la **barra de título** se muestra el nombre de función que tenemos seleccionada (Correo, Calendario, Contactos o Tareas) y el nombre de la carpeta actual. En este tema nos centraremos en la gestión del correo.

Debajo de la barra de título aparecen las **pestañas de menús.** Clicando en cada una de ellas se modificará el contenido de la cinta de opciones. En esta zona, se encuentran las herramientas que nos permitirán gestionar nuestro correo y otras tareas.

A la izquierda de la pantalla, debajo de la cinta de opciones, encontramos el **panel de navegación.** Este panel está divido en dos zonas: la inferior se usa para cambiar entre las distintas aplicaciones que podemos utilizar con Outlook: Correo, Calendario, Contactos y Tareas, mientras en la parte superior aparecerán las carpetas correspondientes a la aplicación que tengamos seleccionada.

El **área de contenido,** en la parte central de la pantalla, nos muestra la información sobre el correo electrónico, el calendario, los contactos o las tareas, según la función que tengamos seleccionada.

A la derecha del área de contenido tenemos el **panel de lectura** y el **panel de personas.** El panel de lectura presenta el contenido de los mensajes que seleccionemos en el área de contenido.

En la parte derecha de la pantalla contamos con el **panel de tareas,** en el que podremos ver el correo electrónico marcado como importante, la agenda del día, así como las actividades a realizar.

En la parte inferior encontramos la **barra de estado.** Por defecto, en ella podemos ver el número de elementos que contiene cada carpeta y el número de correos no leídos, en caso de encontrarnos en la aplicación correo.

En la **zona de zoom** contamos con un botón deslizante que nos permite, con el arrastre del ratón, ajustar el tamaño de visión del panel de lectura o las distintas aplicaciones de Outlook.

De forma similar a las ventanas de exploración del equipo que usábamos mediante el sistema operativo, un gestor de correo electrónico muestra a la izquierda un árbol jerárquico con diferentes carpetas y a su derecha el contenido de estas, en lo que hemos denominado área de contenido.

La carpeta que aparece activa habitualmente al iniciar un gestor de correo electrónico es la **bandeja de entrada,** lugar en el que se ubican los correos electrónicos entrantes.

Además, aparecen normalmente las siguientes carpetas:

- **Borrador.** Contiene aquellos e-mails en proceso de redacción y que, por tanto, el usuario aún no ha enviado.
- **Elementos enviados.** Correos que hemos mandado a algún usuario.
- **Elementos eliminados.** Lugar (intermedio) para colocar los correos borrados, de funcionamiento similar a la papelera de reciclaje que ya estudiamos en los sistemas operativos.
- **Bandeja de salida.** Zona en la que se encuentran temporalmente los correos enviados antes de pasar a la carpeta de Elementos enviados. Según su tamaño y la velocidad de la conexión a internet disponible, un e-mail enviado estará aquí más o menos tiempo. Normalmente no debemos visualizarlos en ese contenedor. Si se queda en esta carpeta puede existir algún problema de conectividad con internet en el equipo.
- **Correo electrónico no deseados.** Para clasificar el correo considerado *spam*.
- **Carpetas de búsqueda.** Para almacenar búsquedas realizadas en cualquiera de las otras carpetas que puedan ser de interés para el futuro.

Por defecto, los e-mails suelen ordenarse por fecha, mostrándose más arriba los más recientes.

Además de la fecha, en los otros campos del listado de correos electrónicos, se visualiza normalmente el asunto, el remitente o el tamaño del e-mail.

3.2. Redacción y envío de un mensaje (establecer prioridades, adjuntar ficheros)

Para enviar un nuevo mensaje, clicaremos en el botón **'Nuevo mensaje de correo electrónico'** que encontramos en la pestaña **'Inicio'** de la cinta de opciones:

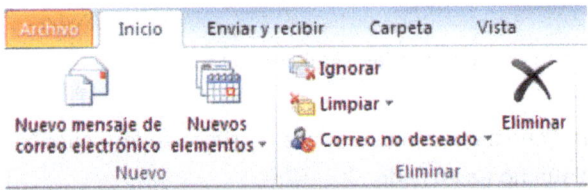

Se abrirá una ventana como la que se muestra a continuación para proceder a la redacción y el envío del mensaje:

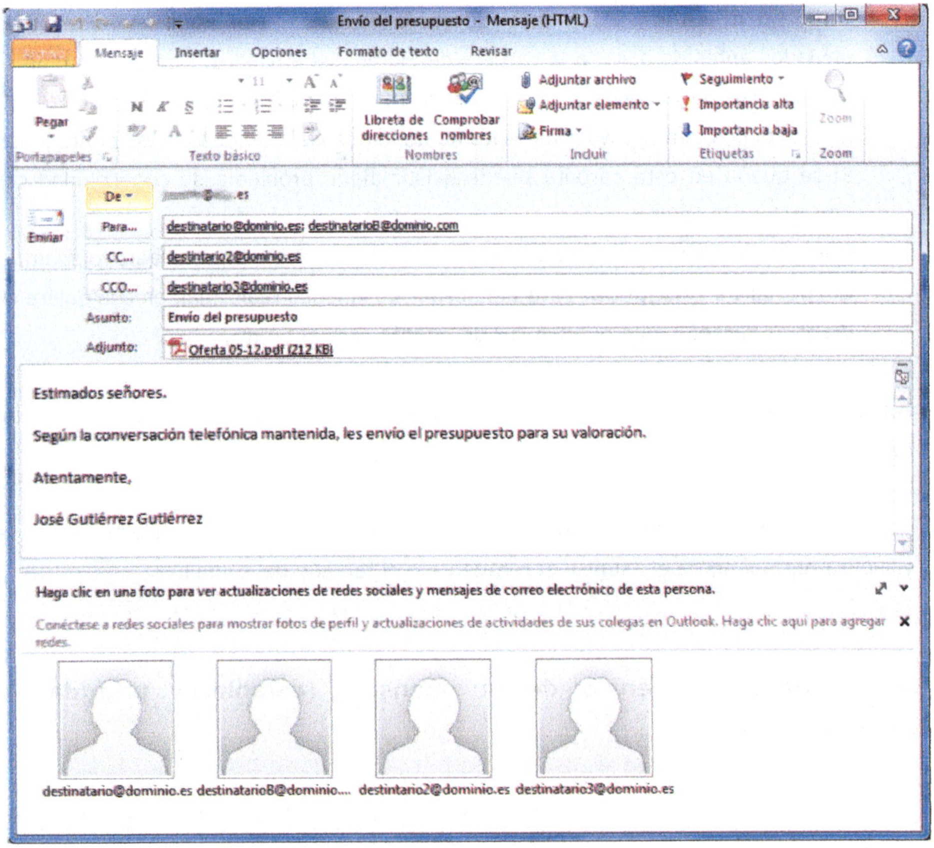

En el campo **'De'** elegimos la cuenta de correo electrónico desde la que enviar el mensaje. Si tenemos configurado Outlook para la gestión de diferentes cuentas, tendremos la opción de seleccionar de dirección al desplegar dicho botón.

En el campo **'Para'** se indicará el destinatario (o destinatarios) a los que enviar nuestro e-mail. Es posible escribir directamente la dirección en este campo (Outlook nos ayudará sugiriendo direcciones de correo anteriormente usadas) o bien clicando en el botón **'Para',** abriremos a su vez la ventana de Contactos, en la que aparecerán todos aquellos nombres y direcciones de correo electrónico que se hayan almacenado en esa otra función de Outlook:

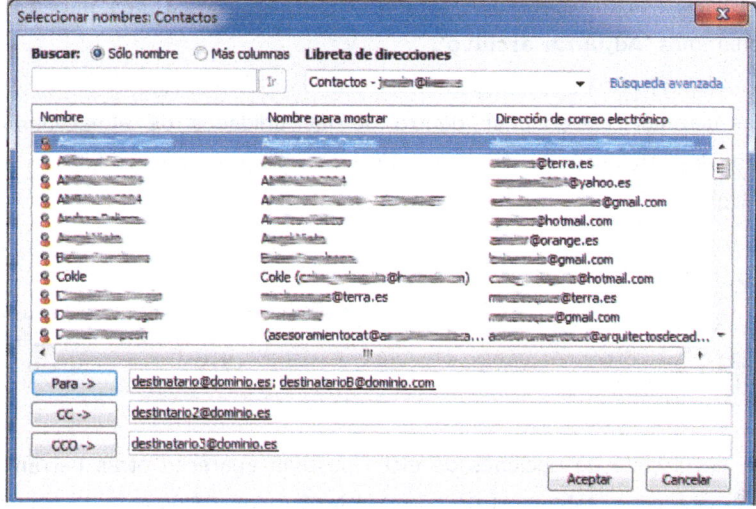

En **'CC'** y **'CCO'** indicaremos las direcciones de correo con copia y oculto que se deseen añadir.

Es posible indicar más de una dirección de correo de envío en el campo correspondiente.

En **'Asunto',** como ya se explicó, se tratará de indicar la información más relevante sobre el correo enviado. Es práctico completar este campo con buen criterio para facilitar una búsqueda del e-mail en el futuro.

En el **área de contenido,** se redactará el mensaje. Para editar este con herramientas avanzadas, propias de los programas de edición de textos, contamos con las funciones que aparecen en la cinta de opciones, en las pestañas **'Mensaje'** y **'Formato de Texto'.**

Igualmente, mediante la pestaña **'Revisar',** podremos realizar una corrección ortográfica del mensaje que deseamos enviar, entre otras funcionalidades que ofrece el programa.

En la captura anterior veíamos que aparece un archivo adjunto al mensaje que se quiere enviar. Para realizar esta acción clicaremos en la pestaña **'Insertar'** y seleccionaremos **'Adjuntar archivo'.**

Esto nos permitirá seleccionar dentro de las unidades de almacenamiento del ordenador los archivos de cualquier tipo que necesitemos incluir en el correo electrónico.

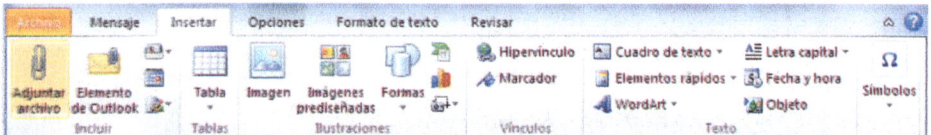

Además, en la cinta de opciones de dicha pestaña aparecen otras herramientas de inserción: imágenes, tablas, otros correos de Outlook ('Elemento de Outlook') son distintas posibilidades de un amplio abanico de opciones.

> **Importante**
>
> **Es recomendable no añadir muchos archivos o que el conjunto de estos no sea de un tamaño muy elevado** para no encontrarse con posibles problemas con el envío o la recepción del e-mail. Muchos servidores limitan la capacidad máxima de los mensajes y este podría no llegar al destinatario.

Una vez acabado el mensaje pulsaremos en el botón **'Enviar'.**

3.3. Leer el correo

Como se ha indicado antes, la bandeja de entrada es el lugar al que llegan los correos electrónicos entrantes. En el panel de navegación clicaremos en dicha carpeta, apareciendo el listado de e-mails que alberga en el área de contenido.

La carpeta aparecerá en negrita en el árbol jerárquico del panel de navegación cuando posea algún elemento sin leer.

Entre paréntesis se indica el número de mensajes no leídos.

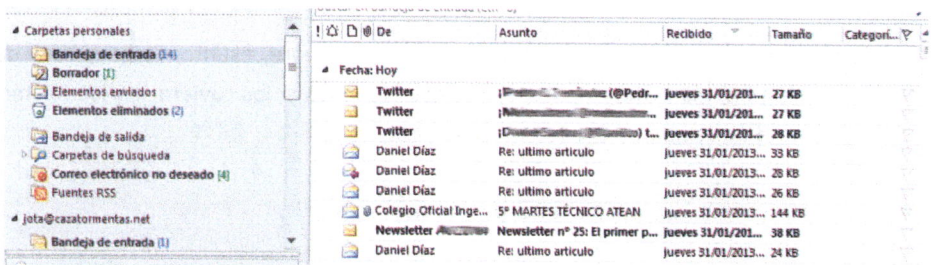

En el área de contenido se mostrará el listado de correos. Por defecto aparecerán ordenados por fecha, apareciendo arriba los más recientes. Es lo más eficiente.

Pinchando en cualquiera de los elementos de esta bandeja de entrada estaremos leyendo un correo. Aquel e-mail que aparece como no leído, al ser visualizado pasa a ser 'leído', no apareciendo en negrita desde ese momento en la bandeja.

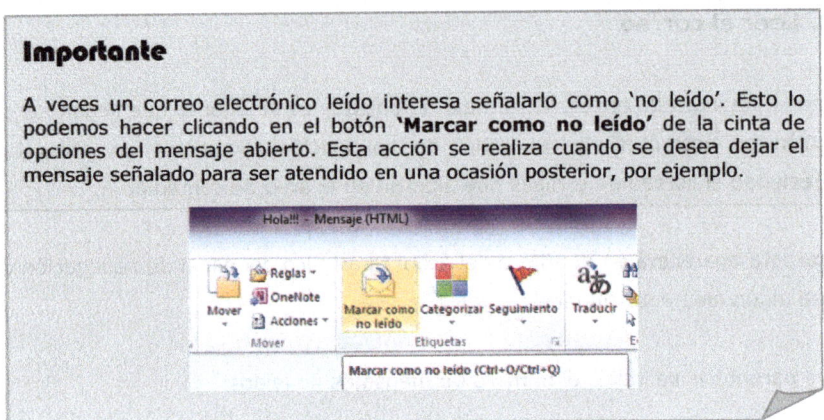

Importante

A veces un correo electrónico leído interesa señalarlo como 'no leído'. Esto lo podemos hacer clicando en el botón **'Marcar como no leído'** de la cinta de opciones del mensaje abierto. Esta acción se realiza cuando se desea dejar el mensaje señalado para ser atendido en una ocasión posterior, por ejemplo.

Un correo entrante nos aporta la información del remitente, asunto, fecha y hora del envío, tamaño del mensaje y de los elementos enviados si los tuviera, en los mismos campos que se mostraban en el correo de envío.

Bajo esa información, aparece el **cuerpo del mensaje.**

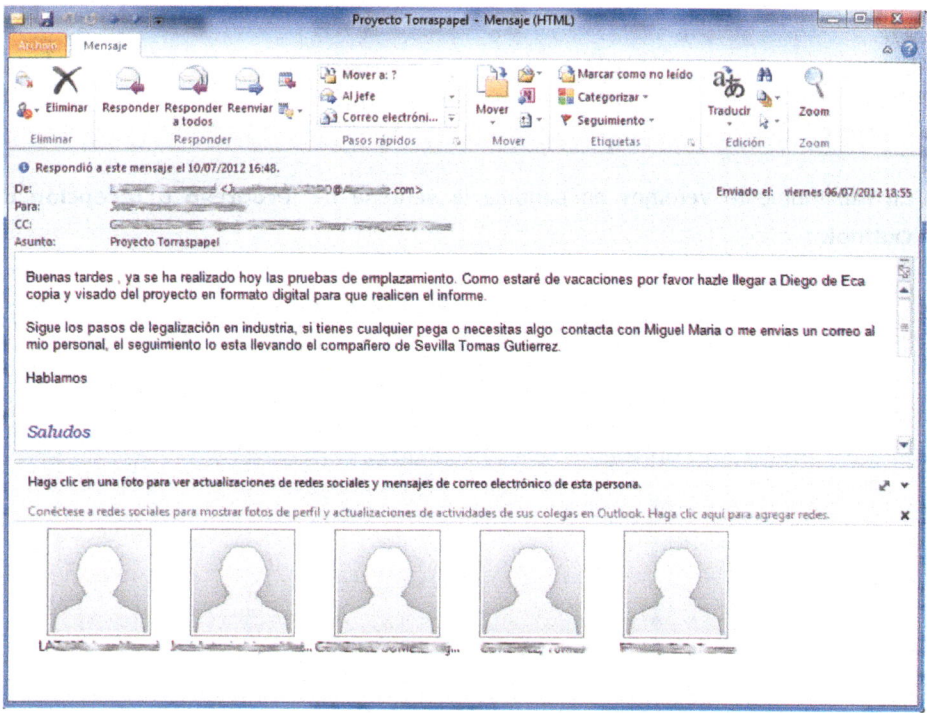

Los correos electrónicos entran en la bandeja de entrada al abrir el programa, o de forma automática, cada cierto tiempo, cuando Outlook realiza la tarea de consultar si hay nuevos elementos entrantes.

En cualquier momento, el usuario puede actualizar el estado del correo entrante, clicando en el botón **'Enviar y recibir todas las carpetas',** que se encuentra tanto en la pestaña **'Inicio'** como en la pestaña **'Enviar y recibir'.**

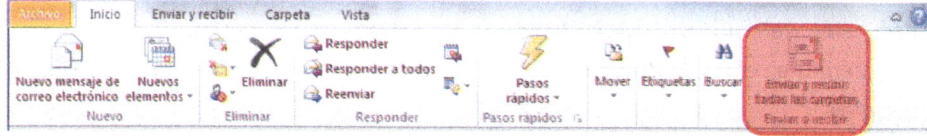

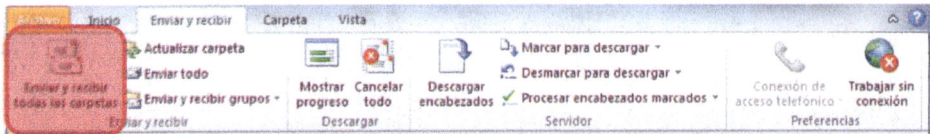

En ese momento veremos en pantalla la ventana de **'Progreso o recepción de Outlook'**:

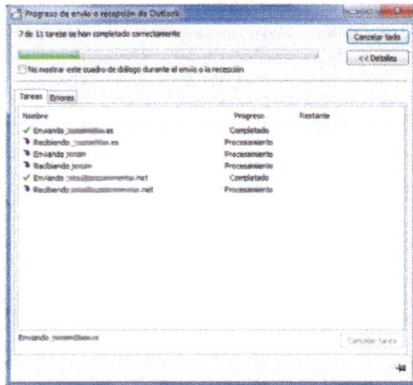

Mediante este comando también saldrán los e-mails que estén pendientes de salir en la carpeta **'Bandeja de salida'**.

3.4. Respuesta del correo

En muchas ocasiones, en lugar de enviar un mensaje de correo electrónico nuevo realizaremos la acción de responder al correo pertinente de entrada.

Para ello, señalaremos en la bandeja de entrada el e-mail que corresponda y pulsaremos en el botón **'Responder'** que aparece en la pestaña **'Inicio'** de la cinta de opciones.

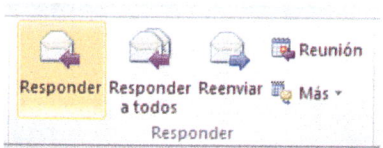

A su derecha aparece el botón **'Responder a todos'.** Se usará este botón cuando en un correo en el que formamos parte del envío junto a otros destinatarios, queremos que nuestra respuesta llegue también al resto de direcciones que aparecen en la lista.

Si en ese tipo de correo electrónico a múltiples usuarios se da el caso de que sólo queremos responder a la dirección desde la que llega el e-mail y no al resto de destinatarios, clicaremos en **'Responder'.**

Con ambas acciones, automáticamente, aparece automática una nueva ventana con el nuevo correo electrónico en el que se implementará el destinatario (o destinatarios, según la opción elegida), el asunto (precedido de la abreviatura Re:, de Respuesta) y el mensaje recibido en la parte inferior del cuerpo de la respuesta.

Empezaremos a escribir en la parte superior, respondiendo al texto que se inserta debajo del nuevo correo:

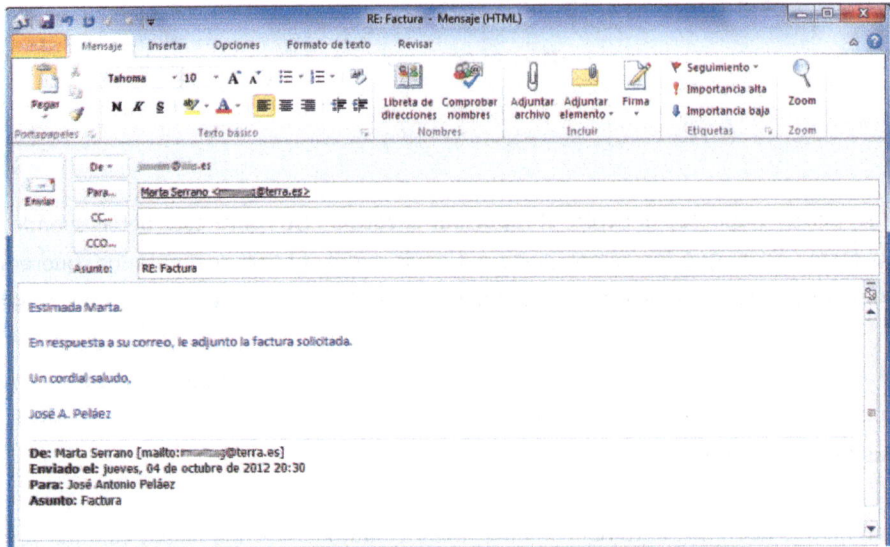

Esta acción reporta una gran **ventaja:** se puede seguir el hilo de una conversación entre los distintos destinatarios incluidos en la cadena de mensajes.

Es particularmente útil cuando se trata de un asunto largo, con múltiples réplicas, en el que es importante mantener el hilo del intercambio de correos por el tipo de tema que se esté tratando. Es muy práctico cuando se retoman asuntos tratados mucho tiempo atrás.

En muchos lugares de trabajo es importante seguir la trazabilidad de los temas y es por ello que se respetan desde el primero hasta el último correo de la cadena de mensajes.

Si, por ser innecesario o molesto, se prefiere borrar el texto anidado, el usuario lo puede hacer en cualquier momento.

El tercer botón que aparece en el grupo '**Responder'** se trata de '**Reenviar'.** Clicando en él no se inserta de forma automática ninguna dirección de correo electrónico en el campo '**Para',** sino que es el usuario quién debe escribirla, con el objetivo de enviar el mensaje recibido a otra dirección distinta de la que nos escribía.

En el campo **'Asunto',** se insertará el asunto del correo recibido anteponiéndose la abreviatura RV (de reenvío).

Este tipo de tarea se utiliza cuando queremos mandar copia a un tercer usuario de un correo recibido, sin que sea necesario que quien nos lo envía aparezca como destinario nuevamente.

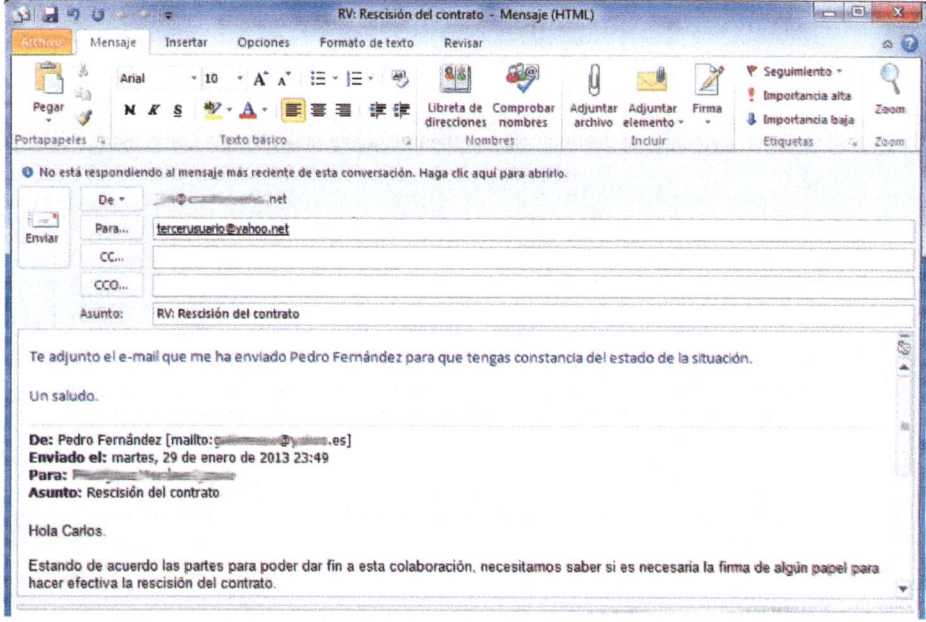

En cualquiera de los casos, cuando esté listo el mensaje, clicaremos en **'Enviar'.**

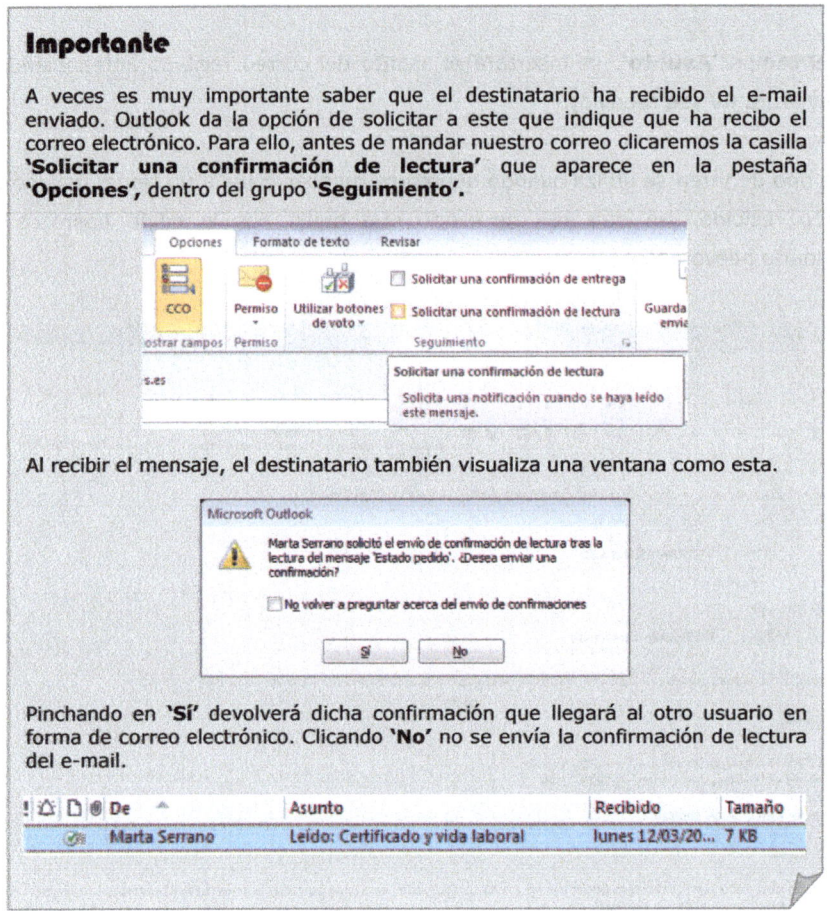

Importante

A veces es muy importante saber que el destinatario ha recibido el e-mail enviado. Outlook da la opción de solicitar a este que indique que ha recibo el correo electrónico. Para ello, antes de mandar nuestro correo clicaremos la casilla **'Solicitar una confirmación de lectura'** que aparece en la pestaña **'Opciones'**, dentro del grupo **'Seguimiento'**.

Al recibir el mensaje, el destinatario también visualiza una ventana como esta.

Pinchando en **'Sí'** devolverá dicha confirmación que llegará al otro usuario en forma de correo electrónico. Clicando **'No'** no se envía la confirmación de lectura del e-mail.

3.5. Organización de mensajes

Con el paso del tiempo, el envío y la recepción de correos pueden llenar el gestor de registros por lo que se hace imprescindible aprovechar las herramientas que ofrece el programa para organizar de forma adecuada los e-mails.

Como hemos visto anteriormente, en Outlook contamos con distintas **carpetas** que contienen los mensajes enviados, recibidos, en proceso de eliminación, etc.

El programa permite crear más carpetas que éstas que aparecen por defecto con el objetivo de agrupar en ellas los correos entrantes o salientes relacionados con una determinada actividad o empresa.

De esta forma, una vez creado dicho contenedor de correos, arrastraríamos con el ratón el e-mail de entrada o de salida hacia la carpeta correspondiente.

¿Cómo crear una carpeta? Supongamos que dentro de la bandeja de entrada queremos hacer un apartado específico para e-mails relacionados con la familia. Haremos clic sobre dicha carpeta con el botón secundario del ratón para activar el menú contextual.

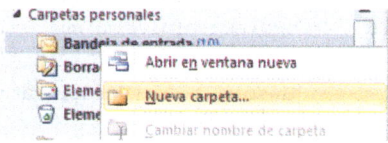

Aparecerá la opción de **'Nueva carpeta...'.** Clicaremos en ella y seguidamente el programa nos pedirá que nombremos la carpeta recién creada y esta quedará ubicada en el sitio elegido.

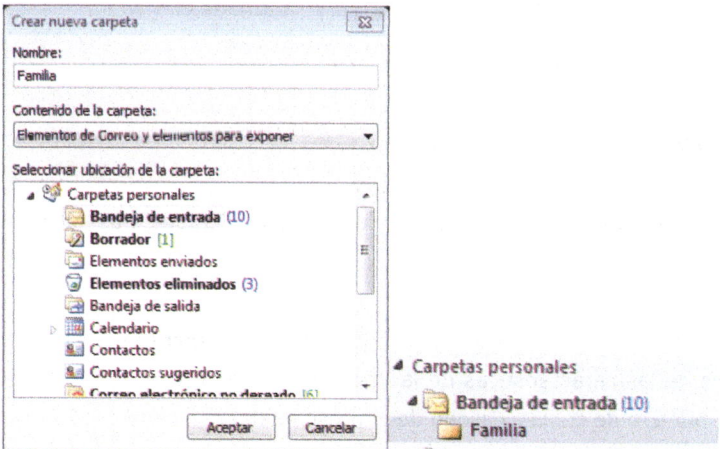

A su vez, dentro de cada carpeta podemos realizar diferentes acciones que nos muestren la información más organizada.

Clicando en la primera fila de la lista de elementos, podemos **ordenar los correos electrónicos** por el nombre del remitente, por el nombre del asunto, por el tamaño de los e-mails, etc.

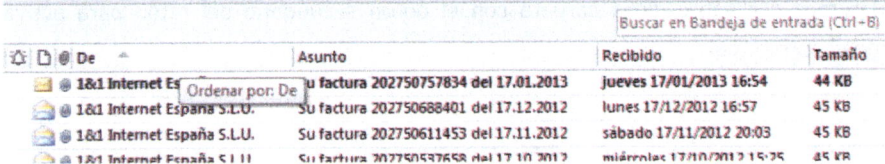

O también, mediante el campo **'Buscar',** podemos encontrar un correo concreto indicando cualquier palabra clave que nos ayude en la selección.

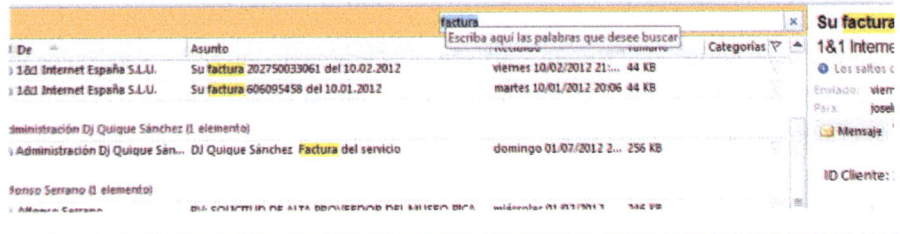

3.6. Impresión de correos

Cuando se precise imprimir un correo electrónico, Outlook nos ofrece un sencillo interfaz para hacerlo.

Teniendo el e-mail abierto, bastará con abrir el menú **'Archivo'** y elegir **'Imprimir'.** En función de las características de la impresora, podremos elegir el tipo de formato de papel, número de copias, calidad de impresión, etc.

El programa ofrece en la parte derecha de esta ventana una vista previa de lo que se imprimirá con el objetivo de ahorrar papel y asegurar que la copia se ajusta a lo que esperamos.

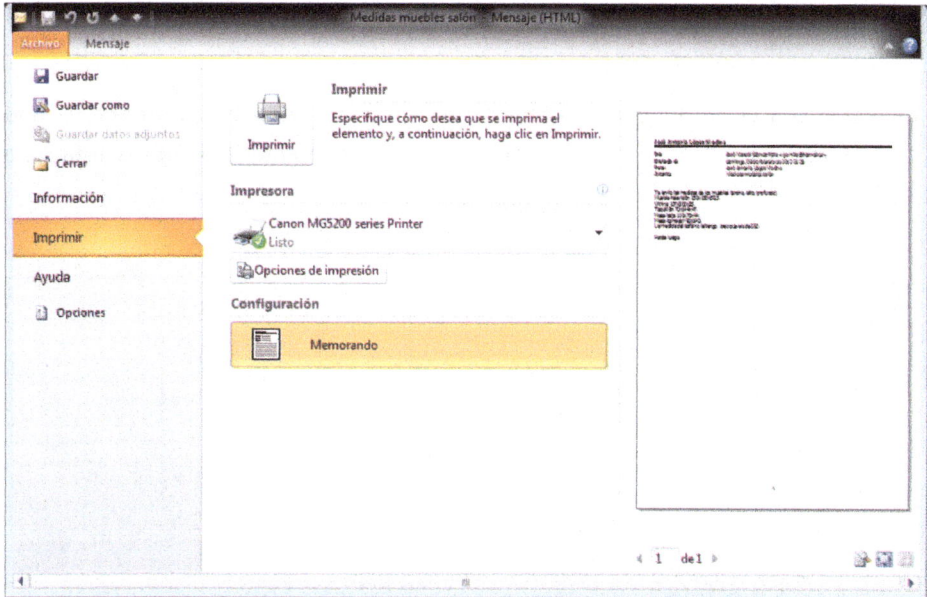

3.7. Libreta de direcciones

Entre las funcionalidades que ofrece Outlook se mencionó la posibilidad de contar con una agenda de contactos en el programa, de forma similar a las que se pueden tener en casa o en la oficina (en papel) para almacenar datos importantes de las personas o empresas de nuestro entorno: nombre, apellidos, teléfonos, e-mail, dirección postal, web, etc.

Esta herramienta se llama **Contactos.** Accederemos a ellas a través del panel de navegación, clicando en el botón correspondiente en la parte inferior de dicha área de trabajo:

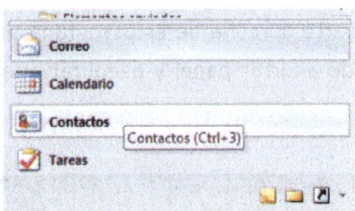

Cambiará el aspecto programa mostrando en el área de trabajo una lista de usuarios con sus correspondientes datos personales, justo donde antes veíamos la lista de e-mails.

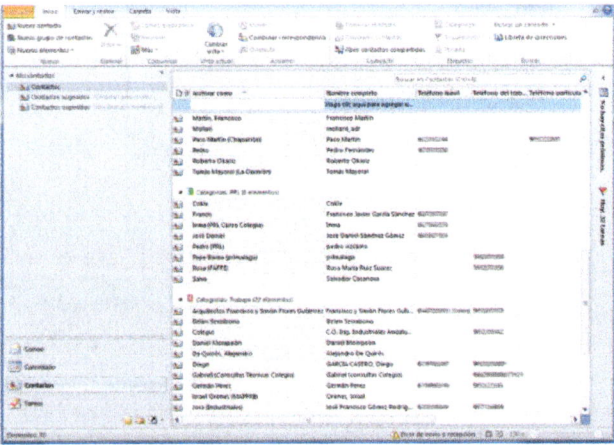

Clicando en cada contacto, abriremos su ficha de datos, en la se pueden cumplimentar los diferentes campos que nos facilita el programa.

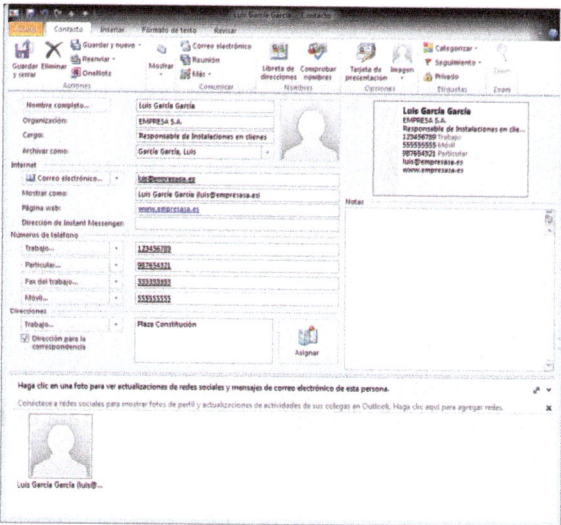

Si se quiere **añadir un nuevo contacto,** hay clicar en el botón '**Nuevo contacto**' que encontramos en la pestaña '**Inicio'.**

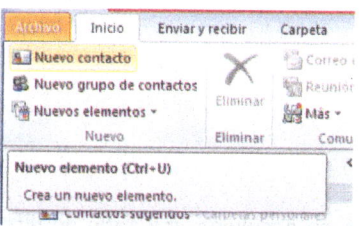

En la tarea de enviar un correo e-mail, cuando se vaya a insertar una dirección de correo electrónico en el campo '**Para',** si tenemos el contacto almacenado en la agenda, lo podremos enlazar pinchando en dicho botón a través de la ventana de contactos que se abrirá.

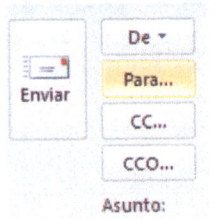

3.8. Filtrado de mensajes

La última herramienta de Outlook que vamos a estudiar se trata de los comandos para filtrar correos electrónicos.

Volviendo a la aplicación de correo, en la pestaña **'Inicio'** dentro del grupo de herramientas **'Buscar',** contamos con botón desplegable llamado **'Filtrar correo electrónico'.**

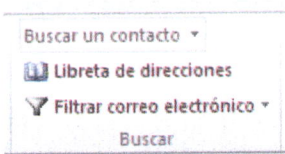

Pinchando en dicho botón, se despliega una serie de filtros que nos permitirán hacer una selección correos electrónicos dentro de la carpeta que en ese momento tengamos activa.

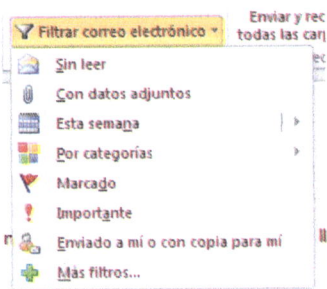

Por ejemplo, podremos quedarnos sólo con los e-mails sin leer, con aquellos que tienen datos adjuntos o con aquellos recibidos el mes pasado... Para ello moveremos el cursor del ratón por las diferentes opciones hasta configurar el filtro deseado.

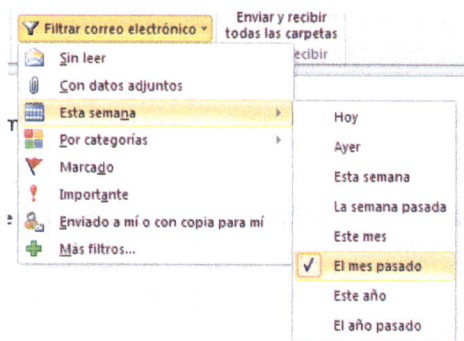

4. Intranet

La limitación de la red local está en el ámbito físico de los ordenadores interconectados, que a menudo no va más allá de los puestos existentes en un mismo recinto o en el grupo de oficinas de la planta de un edificio.

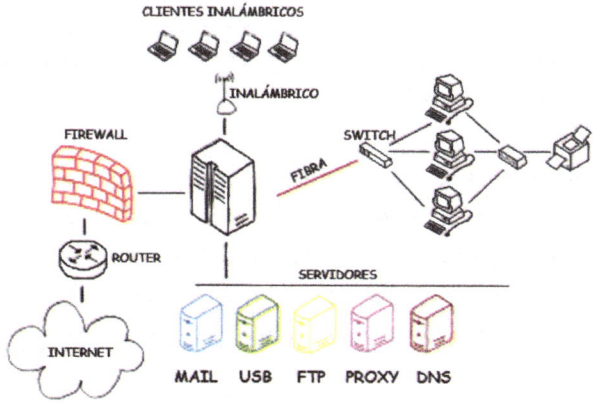

Esquema de una intranet

Las grandes empresas suelen contar con delegaciones ubicadas en distintos puntos de una ciudad, comunidad autónoma o del país. La tecnología también permite la interconexión de sus equipos informáticos, pero en este caso haciendo uso de la intranet: una red de ordenadores que utiliza la tecnología de internet para compartir la información, el *software* y los equipos informáticos.

4.1. Uso y manejo

El uso de intranet, además de proporcionar una conexión a internet, habilita la conexión a una red se realiza habitualmente en los lugares de trabajo para compartir dentro de una organización tareas, información, datos, programas, equipos periféricos, etc.

De esta forma, los usuarios interconectados disfrutan de una serie de recursos compartidos para llevar a cabo su labor profesional de forma organizada y estructurada, independientemente del lugar en que se encuentren y del momento en que quieran llevar a cabo las tareas.

Es decir, las empresas que tienen instauradas una intranet capacitan a sus trabajadores para utilizar de forma compartida no solo periféricos, como impresoras o escáneres, o para acceder a la información contenida en sus sistemas de almacenamiento, sino que además utilizan esta tecnología para proporcionar el acceso a internet, el alojamiento de la página web corporativa o para la gestión y el alojamiento del correo electrónico.

Para el trabajo con recursos compartidos, es necesaria la instalación de un **sistema operativo específico** para este tipo de conexión. Esto, a su vez, facilitará la ejecución de *software* dedicado para el trabajo organizado, que permita compartir recursos como el correo electrónico, dispositivos periféricos, como impresoras o escáneres, lugares físicos comunes para almacenamiento de datos, etc.

Microsoft Exchange Server es un *software* de gestión de correo electrónico, calendario, contactos de la agenda y tareas específico para grupos de trabajo conectados en red.

Para crear una red es necesario interconectar físicamente los ordenadores mediante placas de red, cables y concentradores.

Las redes de trabajo necesitan de al menos un servidor para proveer y organizar los servicios compartidos a los distintos computadores conectados a él, que se denominan *estaciones de trabajo.*

> **Importante**
>
> Una particularidad de intranet es que el acceso a ella no es público (como sucede con internet) sino restringido mediante el otorgamiento de un perfil de usuario y contraseñas habilitados por los gestores de la red.

4.2. Ubicación de documentos para su realización o entrega realizando las operaciones básicas de abrir, copiar, guardar, eliminar, mover y crear

En una intranet, al igual que en un equipo informático individual, la información almacenada queda ordenada y estructurada en carpetas (virtuales).

De la misma manera que en la oficina se almacena la documentación clasificada por facturas, albaranes, pedidos, informes, proyectos, fotografías…, haciendo uso de este tipo de tecnología, los trabajadores comparten en cada carpeta un espacio de almacenamiento de información, más o menos relacionada entre sí, de acuerdo al criterio del responsable de la intranet, del departamento o de los propios trabajadores.

Los dispositivos de almacenamiento (servidores) se encuentran físicamente en un recinto habilitado especialmente para ello, con capacidad suficiente para guardar toda la información que requiera la empresa y equipado con el *software* necesario para su gestión y mantenimiento.

Serán los permisos otorgados por los gestores de la intranet los que posibiliten que cada trabajador pueda realizar unas operaciones u otras en el espacio virtual común, accediendo, editando y eliminando carpetas y archivos de acuerdo a los niveles de confianza con que cuenten.

Cada una de estas carpetas se puede nombrar de una forma distinta, albergar distintos tipos de documentos, fotografías, música, películas, etc., y asimismo puede incluir otras subcarpetas.

El **acceso** al sistema de almacenamiento de la intranet y su aspecto visual (interfaz) generalmente es similar al del disco duro de un equipo informático de sobremesa o portátil convencional.

Por ejemplo desde sistema operativo Windows, hay distintas opciones:

- Clicando en el icono Equipo del escritorio.
- Clicando en Equipo desde el botón Iniciar, desplegando el menú de Inicio de Windows y seleccionándolo en la sección derecha de la lista desplegada.
- A partir de un acceso directo a cualquier carpeta de la intranet creada sobre el fondo de escritorio.
- Desde el icono Explorar Carpetas que aparece en la Barra de tareas, junto al botón Iniciar.

Icono Explorar carpetas junto al botón Iniciar

De cualquiera de estas formas, se abrirá una ventana de trabajo, en la que se muestra en la parte izquierda un árbol de carpetas existentes en la intranet por la que desplazarse para explorar su contenido.

En otros casos, la intranet contará con un diseño específico y aunque su manejo sea igual que el que se realiza en con sistema operativo Windows o Linux, ofrece una interfaz propia de la empresa, donde se reflejan los colores o logos corporativos, así como algunas funciones o herramientas específicas que permitan al usuario el acceso y manejo de un gestor propio de correo electrónico, a servicios de chat o vídeoconferencia, de transferencia de archivos, etc.

En cualquier caso, en uno u otro caso se podrán abrir, copiar, guardar, eliminar, mover y crear carpetas y archivos, de acuerdo a las necesidades del trabajador.

Al desplazarse por las diferentes carpetas de la intranet, lo más práctico es clicar en el árbol de carpetas que aparece en la parte izquierda de la ventana de exploración.

En la Barra de direcciones, el sistema operativo que gestiona la intranet refleja del lugar en el que se encuentra el usuario, desglosando todas las carpetas anidadas que nos llevan a la ubicación actual.

Para crear una nueva carpeta (vacía) es preciso pinchar bajo la barra de dirección de la ventana de trabajo, en el icono **'Nueva carpeta'** (o similar, dependiendo de la interfaz de la intranet).

La nueva carpeta se creará como subcarpeta de aquella que estemos visualizando en ese momento:

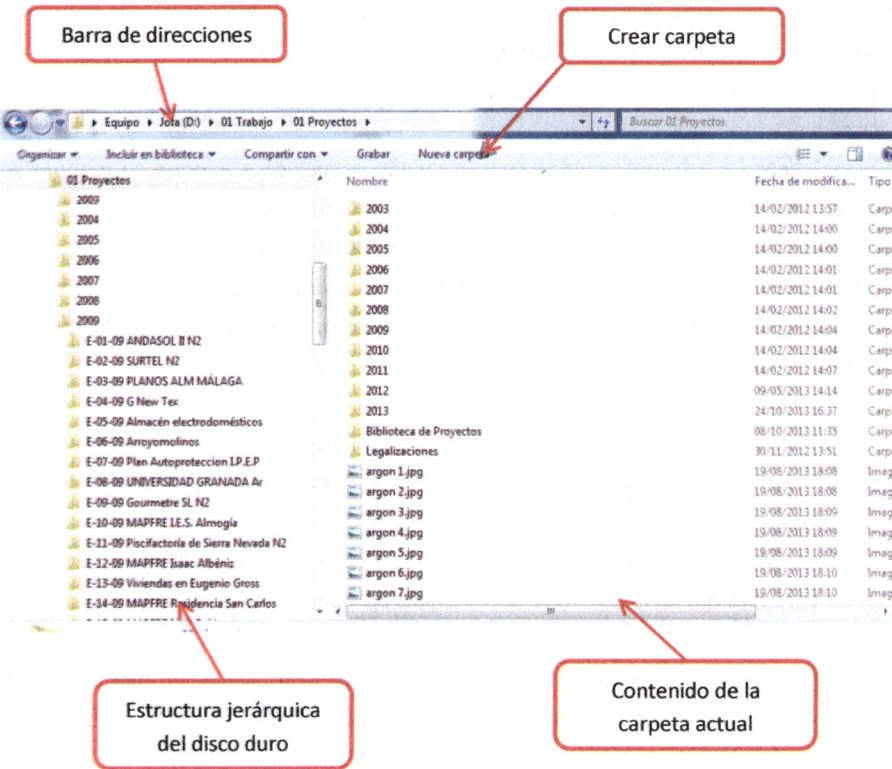

Barra de direcciones

Crear carpeta

Estructura jerárquica del disco duro

Contenido de la carpeta actual

Al clicar en **Nueva Carpeta,** aparece un icono y la posibilidad de nombrar el nuevo espacio virtual creado:

A continuación, se escribe con el teclado el nombre elegido para la nueva carpeta. Por defecto, la nueva carpeta creada, si no se le cambia el nombre se pasa a llamar **'Nueva carpeta'.** Si hubiera otra con el mismo nombre, se pasaría a llamar **'Nueva carpeta (2)'** y así sucesivamente.

Bien por un error o bien por la necesidad de cambiar el nombre de una carpeta, los sistemas operativos habituales permiten **renombrar** estas. Con cualquier versión del sistema operativo Windows hay dos formas de hacerlo:

- Clicar una vez con el ratón sobre la carpeta deseada y cuando esté señalada, volver a hacerlo.

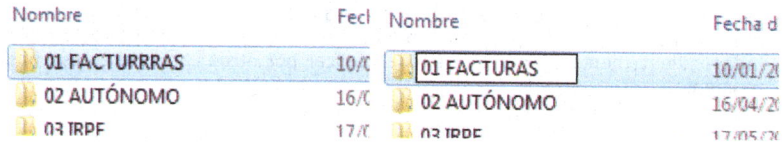

- Clicando con el botón secundario del ratón sobre la carpeta deseada y seleccionado **'Cambiar nombre'** en el menú contextual. En ese momento Windows permitirá renombrar dicho espacio virtual.

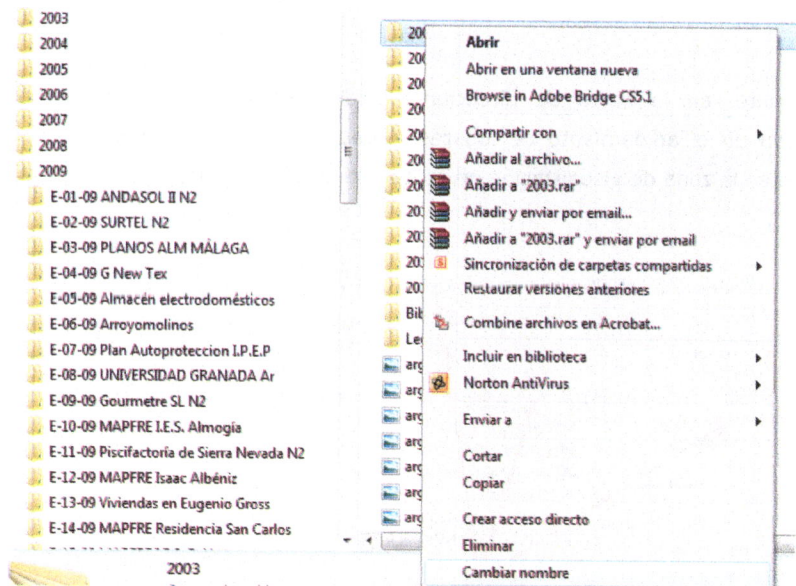

Definición

Menú contextual es el nombre que recibe el menú desplegado al pinchar con el botón secundario del ratón sobre un elemento del sistema operativo o bien durante alguna tarea de ejecución de cualquier otro programa instalado en nuestro ordenador.

Contextual se refiere a que en función de lo que el programa en curso esté ejecutando, el listado de acciones que ofrece el menú desplegable varía. Es decir, se adapta al contexto existente en ese momento en pantalla.

Normalmente, en el menú contextual se encuentran las acciones principales, las más usadas, que todo programa puede hacer en un momento determinado, independientemente de que se puedan realizar por otros caminos en ese mismo momento.

Abrir una carpeta significa entrar en ella para ver su contenido. Para abrir una carpeta concreta, se explorará el contenido del dispositivo de almacenamiento de la intranet, mediante el desplazamiento por el árbol de carpetas que aparece en la parte izquierda de la ventana de exploración, haciendo doble clic con el botón principal del ratón en las carpetas deseadas.

Igualmente, en la barra de direcciones podemos clicar sobre las carpetas que aparecen en el anidamiento de lugares visitados. O bien, clicando en las carpetas visibles en la zona de visualización de contenido de las mismas.

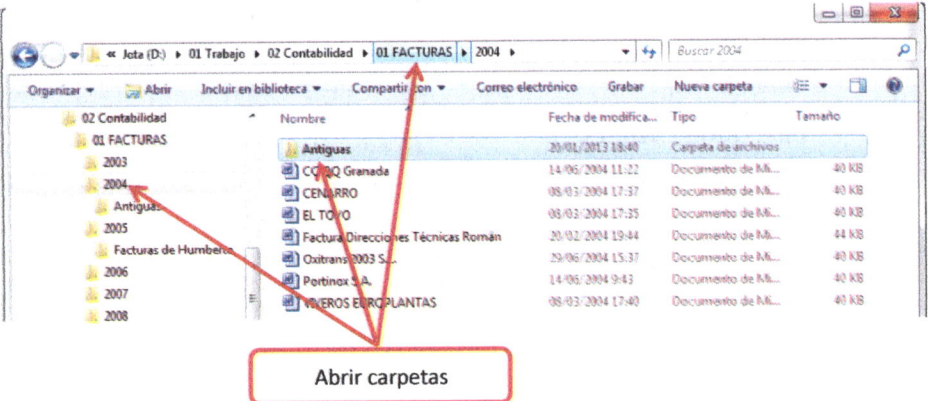

Abrir carpetas

Copiar carpetas consiste en crear una carpeta exactamente igual a otra en una nueva ubicación. De esta forma, al copiar una carpeta, todo el contenido incluido en ella, tanto archivos como subcarpetas, se clonarán en la nueva zona de nuestro dispositivo de almacenamiento.

El primer paso consistirá en dirigirse a la ubicación original y copiar el contenido. Esta tarea puede realizarse en Windows de formas:

- Clicar con el botón secundario del ratón sobre dicha carpeta (ya sea en la zona izquierda de exploración o en el área de contenido de una Carpeta abierta) y mediante el menú contextual elegir 'Copiar'.
- Señalar la carpeta con el botón principal del ratón y presionar en el teclado las teclas Ctrl y C a la vez (Ctrl+C).

A continuación, se busca al lugar físico del dispositivo de almacenamiento donde se precise llevar el contenido para dejar allí la carpeta copiada: se trata de la acción **Pegar.** Igualmente lo podemos hacer de dos formas:

- Clicar con el botón secundario del ratón sobre la carpeta destino (ya sea en la zona izquierda de exploración o en el área de contenido de una carpeta abierta) y mediante el menú contextual elegir **'Pegar'.**
- Señalar la carpeta con el botón principal del ratón y presionar en el teclado las teclas Ctrl y V a la vez (Ctrl+V).

 **¿Sabía que...?**

Atajo de teclado es aquella combinación de teclas que presionadas de forma conjunta permiten realizar una acción del programa.

Las operaciones que con más frecuencia se realizan en cualquier tipo de *software* suelen tener atajos de teclado, que incluso pueden ser configurados a gusto del usuario.

Ctrl+C o Ctrl+V, son dos atajos de teclado que acabamos de aprender.

La acción de **Mover** es una función similar a la de copiar, sólo que la carpeta seleccionada desaparece de la ubicación original para ser pegada posteriormente en otra ubicación del dispositivo de almacenamiento elegida.

Al igual que con Copiar, todo el contenido existente en la carpeta origen se traslada al lugar de destino. También en esta ocasión existen dos procedimientos si la intranet se gestiona con sistema operativo Windows o similar:

- Clicar con el botón secundario del ratón sobre la Carpeta destino (ya sea en la zona izquierda de exploración o en el área de contenido de una Carpeta abierta) y mediante el menú contextual elegir **'Cortar'**.
- Señalar la Carpeta con el botón principal del ratón y presionar en el teclado las teclas Ctrl y X a la vez (Ctrl+X).

A continuación, se realizará la acción de **Pegar** explicada anteriormente.

A menudo será preciso **borrar** el contenido de carpetas completas de la intranet. La decisión es importante, por lo que es conveniente asegurarse de que la información que se va a eliminar no se necesitará más.

Mediante **Eliminar carpetas** se borrarán tanto los archivos como subcarpetas contenidas. Como en las anteriores acciones, tenemos dos procedimientos:

- Clicar con el botón secundario del ratón sobre la carpeta a eliminar (ya sea en la zona izquierda de exploración o en el área de contenido de una carpeta abierta) y mediante el menú contextual elegir **'Eliminar'**.
- Señalar la Carpeta con el botón principal del ratón y presionar en el teclado el botón **Suprimir (Supr)**.

En cualquier caso la intranet no deja eliminar el contenido de la carpeta de forma definitiva; su información pasa de forma temporal a la papelera de reciclaje o a otro espacio intermedio, espacio del que se puede recuperar.

Si por error se ha borrado el contenido de una carpeta, es posible recuperarla abriendo la papelera de reciclaje, que se encuentra en el Escritorio. Se abrirá una ventana de exploración y eligiendo la carpeta que se desea recuperar, a través del menú contextual, elegimos **'Restaurar'.**

Si por necesidades de ganar espacio en nuestros dispositivos de almacenamiento queremos eliminar de forma definitiva una carpeta, sin esperar a que Windows lo haga más adelante, abriremos la papelera de reciclaje y a través del menú contextual seleccionaremos **'Eliminar'.**

En cualquier caso, los permisos otorgados por el responsable de la intranet permitirán al usuario realizar unas u otras acciones.

Por ejemplo, es usual que la acción de eliminar no pueda realizarse, o bien que el contenido borrado pase a zonas temporales del sistema de almacenamiento que sean gestionadas por los responsables.

Resumen

A lo largo de esta unidad didáctica hemos aprendido a **gestionar de manera básica el correo electrónico,** aprendiendo las funciones y herramientas imprescindibles para utilizar esta importante aplicación informática.

Ya sea a través del **correo web** o bien mediante un **gestor de correo,** hemos comprobado que las actuales herramientas que proporcionan ambos sistemas facilitan enormemente el trabajo en casa o en la oficina.

El envío y recepción de e-mails, la organización de los mensajes almacenados en las distintas carpetas, la impresión de los correos, la aplicación de filtros, la creación de contactos... se pueden realizar de una manera rápida y sencilla mediante los **gestores de correo electrónico** a través de un interfaz muy intuitivo.

Las grandes empresas suelen contar con delegaciones ubicadas en distintos puntos de una ciudad, comunidad autónoma o del país. La tecnología también permite la interconexión de sus equipos informáticos, pero en este caso haciendo uso de la **intranet:** una red de ordenadores que utiliza la tecnología de internet para compartir la información, el *software* y los equipos informáticos.

Ejercicios de autoevaluación

1. Relacione correctamente:

a) CC   1) No deseado

b) Proveedor de correo   2) Outlook

c) Gestor de correo   3) Gmail, Terra, Yahoo, Hotmail

d) *Spam*   4) Correo con copia

2. En relación al funcionamiento de un servicio de correo electrónico, ¿qué formato de dirección de e-mail sería el más correcto?

a) proveedodecorreo@usuario.com

b) usuario.proveedordecorreo@com

c) usuario@proveedordecorreo.com

3. ¿Es posible operar conjuntamente con una cuenta de correo electrónico a través de un gestor de correo y del navegador web?

a) Sí.

b) No.

4. ¿Cuál de estas no es una funcionalidad habitual en los gestores de correo electrónico?

a) Compartir los e-mails a través de las redes sociales.

b) Gestionar distintas cuentas de correo simultáneamente.

c) Combinar la gestión del correo electrónico con otras tareas como la agenda de contactos o el calendario.

5. Señale las cuatro aplicaciones fundamentales de Outlook.

a) Correo, Contactos, Tareas y Calendario.

b) Correo, Contactos, Tareas e Impresión.

c) Correo, Contactos, Tareas y Documentos.

6. Relacione correctamente:

a) Bandeja de salida	1) E-mail en proceso de edición
b) Elementos eliminados	2) E-mail en proceso de envío
c) Bandeja de entrada	3) E-mails recibidos
d) Borrador	4) Papelera de reciclaje

7. ¿Es posible cambiar la cuenta de correo electrónico desde la que se envía un e-mail en Outlook?

a) No, el campo 'De' es invariable para cada usuario.

b) Sí, desde el campo 'De', siempre que el usuario esté gestionando distintas cuentas.

c) Sí, a través del campo 'Para'.

8. La tarea de responder a un e-mail o cadena de e-mails es particularmente útil cuando en un asunto se trata de seguir _____ del tema en cuestión.

a) La trazabilidad.

b) El número de usuarios al que ha sido enviado un e-mail.

c) El número de usuarios que ha recibido un e-mail.

9. ¿Qué aplicación de Outlook se relaciona con el campo 'Para' de un correo electrónico?

   a) Calendario.
   b) Tareas.
   c) Contactos.

10. Una particularidad de intranet es que el acceso a ellas no es público (como sucede con internet) sino restringido mediante el otorgamiento de un perfiles de usuario y contraseñas habilitados por los gestores de la red.

   a) Verdadero.
   b) Falso.

U. D. 4. Normas de seguridad que garantizan la confidencialidad en la transmisión

Introducción

A lo largo de esta unidad didáctica, estudiaremos la importancia de la correcta gestión de la seguridad de la información en los equipos informáticos.

La enorme cantidad de información que se maneja en las empresas públicas y privadas hoy día exige llevar a cabo adecuadas políticas de seguridad para asegurar que los datos son tratados con unas estrictas normas que aseguren su confidencialidad, autenticidad e integridad.

Por ello, en los siguientes apartados definiremos estos conceptos y estudiaremos qué métodos se suelen poner en marcha para asegurar un correcto tratamiento de los datos.

Además, conoceremos las técnicas utilizadas para mantener la seguridad física de los equipos informáticos, así como la normativa vigente en materia de protección de datos.

La responsabilidad que acarrea el manejo de información, y en especial de datos personales, se enmarca dentro de diferentes leyes cuyas principales prescripciones se desglosarán en la parte central de esta unidad.

1. Gestión de la seguridad de la información

No cabe duda de que en las últimas décadas la **generalización del uso de la informática y de las nuevas tecnologías** tanto en el sector profesional como en el privado (ordenadores personales y portátiles, redes de trabajo, *smartphones*, *tablets*, internet, almacenamiento en soporte físico digital o virtual, etc.) ha creado nuevas pautas de comportamiento o modificado el desarrollo de las tareas habituales en nuestras vidas.

Si bien la implantación de los sistemas informáticos y de las últimas tecnologías de comunicación nos simplifica muchas labores, su uso puede acarrear diversos **inconvenientes,** los cuales el usuario a veces desconoce.

Es decir, al mismo tiempo que aparecen ventajas y funcionalidades, se suman nuevos **riesgos** relacionados con el uso de dichos sistemas.

Por ello, es esencial que el usuario de un sistema informático no solo aprenda las herramientas que éste proporciona, sino que además debe ser formado en los riesgos inherentes a su mal uso o gestión.

 Ejemplo

No tomar las medidas adecuadas para evitar el acceso a información personal puede ser aprovechado por un usuario con malas intenciones para manipularla, borrarla, robarla o compartirla de forma ilícita o fraudulenta, así como dañar el sistema informático o virtual en el que se almacena.

Los problemas no tienen por qué llegar a través de una persona con malos propósitos: si no gestionamos bien la seguridad de la información, cualquier operador puede eliminar, modificar o compartir de forma incorrecta algo por error.

Para evitar que esto ocurra, es muy importante establecer ciertas **medidas de seguridad.**

Estas medidas de seguridad van enfocadas principalmente a limitar el acceso, el uso y la capacidad de eliminación de la información. O lo que es lo mismo, la implantación por parte de las empresas de los **Sistemas de Gestión de la Seguridad de la Información (SGSI).**

Definición

Podemos definir un **Sistema de Gestión de la Seguridad de la Información (SGSI)** como un conjunto de políticas de administración de la información. Encontramos este término en varias normativas, aunque su principal referencia es la ISO/IEC 27001.

Con un Sistema de Gestión de la Seguridad de la Información lo que se pretende es el diseño y la implantación de una serie de procesos que nos ayudarán a gestionar eficientemente la accesibilidad de la información.

Una vez establecido, el sistema debe contar un **mantenimiento eficaz** para poder seguir siendo útil después de su implantación. Es decir, debe estar siempre actualizado para hacer frente a los lógicos cambios internos o externos en la empresa u organización (sus recursos humanos y técnicos), al *software* utilizado, a la renovación de los equipos informáticos *(hardware)* con que cuente la compañía, a la tecnología de comunicación empleada, así como a la aparición de las nuevas amenazas informáticas.

Mediante los SGSI se pretende que la información esté disponible al mismo tiempo que se garantiza su integridad y confidencialidad, con el objetivo de minimizar los riesgos de seguridad de la información.

Para diseñar un Sistema de Gestión de la Seguridad de la Información, hay que tener claros los riesgos a los que puede estar expuesta nuestra información. Para ello resulta muy útil realizar una **auditoría de los sistemas de información.** De este modo quedarán al descubierto las debilidades y los riesgos de nuestro sistema, que serán el objetivo del SGSI.

En definitiva, la información de una organización es uno de sus bienes más valiosos. Por ello, es muy importante que tenga asegurada una buena gestión de su información, ya que de otro modo estaría expuesta a posibles ataques por parte de *hackers* o de usuarios malintencionados.

2. Política de seguridad de la organización

Los riesgos a los que se encuentran expuestas las organizaciones y empresas son los que llevan a crear reglas o directrices para orientar hacia un uso responsable de la información, de los recursos humanos y técnicos disponibles.

Un uso indebido de los mismos puede originar graves problemas económicos, legales o de organización a cualquier individuo, empresa u organismo.

Es en este punto donde nacen las **políticas de seguridad,** que son documentos que recogen las funciones, los requisitos de seguridad, las responsabilidades, las directrices a cumplir por tarde de los empleados, etc., y que son la base de la seguridad de una empresa.

En las políticas de seguridad de una empresa podemos distinguir dos figuras muy importantes, que se encargarán del desarrollo, implantación y gestión de la misma:

- **Director de política de seguridad.** Es la persona que establece las reglas de la política de seguridad. Se encarga también de supervisarlas, inspeccionarlas y modificarlas si es necesario.
- **Director de seguridad.** Es la persona que, según la política de seguridad establecida, se encarga de asignar los perfiles de acceso a la información en función de la responsabilidad de cada uno en la empresa. Controla la entrada y salida de información, da los permisos informáticos y es el encargado de identificar y resolver incidencias entre otras tareas.

Es muy importante contar con una buena política de seguridad en una organización.

Los **objetivos básicos de la política de seguridad** deben asegurar la confidencialidad, integridad y disponibilidad de la información:

- La **confidencialidad** garantiza que la información sea accesible exclusivamente al personal autorizado a la misma.
- La **integridad** trata de la fidelidad, corrección y veracidad de los datos custodiados.
- La **disponibilidad** se refiere a asegurar que la información se pueda usar siempre que sea necesario.

Importante

La **política de seguridad** de una organización debe cubrir todos los aspectos que puedan poner en peligro la información. Es decir, debe ser una guía a seguir por toda la empresa para asegurar así su tesoro más valioso: su información.

Para implantar la política de seguridad adecuada, en primer lugar hay que **analizar la actividad de nuestra organización** (el tipo de datos que maneja, sus canales de entrada y salida, el volumen de información tratada, la normativa que afecta al sector profesional, etc.) para poder establecer unas pautas y normas internas apropiadas, ni más ni menos estrictas.

Estas políticas de seguridad deben ser una herramienta para cumplir con las obligaciones de las empresas en el manejo de los datos, pero no deben ser una traba productiva para la propia empresa.

Las reglas o principios que se seguirán para gestionar la protección de la información pueden ser tanto indicaciones técnicas como organizativas, pueden estar relacionadas con los recursos humanos o con la seguridad física de las instalaciones.

Para llevar a cabo una buena política de seguridad, además de la parte técnica, es importante formar a los trabajadores de la empresa.

Ejemplo

Imagine que tiene sistemas de seguridad instalados en sus ordenadores, como cortafuegos o antivirus, pero que su personal no tiene ningún cuidado a la hora de dejar su puesto de trabajo, dejando el ordenador encendido y sin bloquear.

En ese caso, cualquier persona ajena a la empresa o a ese departamento en concreto podría acceder a la información de dicho ordenador, manipularla, copiarla o incluso eliminarla con toda facilidad.

Por todo esto es muy importante formar a los empleados en la política de seguridad.

Es muy recomendable que las empresas creen **documentos o normas de uso interno,** en los que se informe a los trabajadores de cuáles son sus responsabilidades y permisos con el *software* y la información que manejan, con quién pueden compartir la información o qué acciones deben realizar en caso de detectar algún problema se seguridad.

Importante

Las **normas de seguridad** deben transmitirse de forma oral, pero es fundamental que estas queden recogidas por escrito en un manual de procedimientos.

Por ejemplo, es cada vez más habitual que las empresas creen pautas sobre la creación de perfiles de usuario y contraseñas, indicando cada cuánto tiempo deben cambiarse, si está permitido o no abrir archivos adjuntos de e-mails de remitentes desconocidos, el acceso restringido a sitios webs de internet o de la propia red informática de la empresa, etc.

Otra norma habitual en las empresas es que no se permite a los empleados instalar *software* no autorizado por los responsables de informática en sus equipos, con el objetivo de evitar la entrada de *software* malicioso en las instalaciones de la organización o de crear conflictos con el *hardware,* la comunicación o el funcionamiento de la red informática.

Estos documentos o directivas, junto con compromisos de confidencialidad, deben ser firmados por todos los empleados.

3. Identificación y clasificación de activos a proteger

Al llevar a cabo la implantación de un Sistema de Gestión de la Seguridad de la Información, es fundamental **identificar correctamente los principales activos de información de una organización,** así como llevar a cabo una eficaz clasificación en función de su importancia y del impacto que podría causar un fallo de la seguridad de los mismos a la empresa.

Definición

Se considera un **activo** a toda aquella información que es valiosa de alguna manera para una organización y, por tanto, debe protegerse. Cuando hablamos de **activo de información** nos referimos a los elementos que contienen o manipulan información importante para una empresa.

Son **activos de información comunes a la mayoría de las empresas:** los archivos de bases de datos, contratos, manuales, materiales de formación, ficheros, software del sistema (sistema operativo), equipos informáticos, aplicaciones... y por último, pero no menos importante, los empleados, que generan, guardan, transmiten y eliminan información.

Podemos clasificar los activos en las siguientes **categorías:**

- **Datos.** Toda aquella información digital que se puede tratar, es decir, crear, almacenar, gestionar, transmitir y eliminar dentro de las tareas habituales en una empresa.

- **Aplicaciones.** Se refiere al *software* que utiliza la empresa para gestionar la información, de forma particular las aplicaciones informáticas llamadas *bases de datos.*

 ¿Sabía que...?

Las **bases de datos** pertenecen al llamado *software* de aplicación, el cual abarca a aquellos programas informáticos que realizan una o varias tareas específicas en cualquier campo del conocimiento (técnico, administrativo, matemático, empresarial, médico, científico..., incluso lúdico).

Este tipo de programas simplifican de forma notable las tareas que precisa realizar un usuario de cualquier sector profesional en lo relacionado con el tratamiento de datos, pues facilitan enormemente las tareas de clasificación, ordenación, búsqueda, visualización, etc., de datos del archivo digital de las empresas.

- **Personal.** Agrupa a todos los empleados de la empresa, desde la plantilla fija hasta el personal subcontratado, los clientes y todo aquel que pueda tener acceso a los activos de información.

- **Servicios.** Se refiere a todos los tipos de servicios que la empresa puede ofrecer, tanto internos (es decir, los que se dan a otra parte de la empresa) como externos (por ejemplo, los servicios prestados a clientes).

- **Tecnología.** Engloba los equipos que se utilizan para la gestión de la información, como ordenadores, teléfonos, tabletas, impresoras, *routers*, servidores, etc.

- **Instalaciones.** Puede ser cualquier lugar donde se encuentren los sistemas de almacenamiento de información, como los edificios, oficinas o incluso vehículos.

- **Equipamiento auxiliar.** Agrupa todos los activos que mantienen a los sistemas de información y que no se encuentran en los tipos definidos anteriormente. Por ejemplo, los equipos de destrucción de datos.

Cada uno de estos tipos de activos tendrá un responsable, que será la persona encargada de preservar y velar por la seguridad de los mismos, es decir, cada responsable decidirá quién puede acceder y quién no a la información y las medidas de seguridad que deben tomarse.

4. Responsabilidad personal de los documentos manipulados

No cabe duda de que la era digital ha marcado un antes y un después en la vida de las empresas y en el campo del archivo documental en particular. El trasiego de información que se maneja conlleva una enorme responsabilidad desde el punto de vista ético y legislativo.

Tanto la Constitución Española como la Legislación Europea marcaron en su momento las directrices a seguir en materia de protección de datos y conservación de la documentación, creándose una Ley Orgánica y un Real Decreto que hoy día rigen este campo de la jurisdicción.

El **artículo 18 de la Constitución Española** garantiza el derecho al honor, la intimidad personal y familiar y a la propia imagen. En particular, en su apartado cuarto, establece la necesidad de proteger estos derechos fundamentales, dentro del ámbito relacionado con el uso de la informática. Concretamente, el artículo 18.4 de nuestra Constitución dispone:

"La Ley limitará el uso de la informática para garantizar el honor y la intimidad personal y familiar de los ciudadanos y el pleno ejercicio de sus derechos".

En el ámbito de la Unión Europea, la redacción de la **Directiva 95/46/CEE** marcaría posteriormente las directrices a seguir en materia del tratamiento de datos personales y a la libre circulación de estos datos.

El objetivo de su creación no era otro que armonizar la legislación de los países miembros de la Unión en materia de protección de datos, garantizando de esta manera la protección y el respeto en todos los países de la Unión de este derecho fundamental del individuo, también conocido como "autodeterminación informativa".

En cumplimiento de esta Directiva, España promulgó la **Ley Orgánica 15/1999, de 13 de diciembre, de Protección de Datos de Carácter Personal** (conocida como LOPD), que suponía la transposición de la Directiva 95/46/CE al derecho interno de nuestro país.

Además, posteriormente se publicó en España el Re**al Decreto 1720/2007, de 21 de diciembre** (conocido como RDLOPD), por el que se aprobaba el Reglamento de desarrollo de la Ley Orgánica 15/1999, en la que se sentaron las bases, las definiciones y los conceptos fundamentales de protección de datos y protección de documentación.

Dicho Reglamento que entró en vigor el 19 de abril de 2008, comparte con la LOPD la finalidad de hacer frente a los riesgos que para el derecho a la protección de la intimidad pueden suponer el acopio y el tratamiento de datos personales.

La LOPD obliga a todas las personas, empresas y organismos (tanto privados como públicos) que dispongan de datos de carácter personal a cumplir una serie de requisitos y aplicar determinadas medidas de seguridad en función del tipo de datos que posean.

El ámbito de aplicación de la LOPD abarca los datos de carácter personal registrados en soporte físico que los haga susceptibles de tratamiento, así como toda modalidad de uso posterior de estos datos por los sectores público y privado.

Por su parte, el RDLOPD incluye en su ámbito de aplicación los ficheros o tratamientos no automatizados, como es el caso del papel (archivos convencionales), o parcialmente automatizados.

Otras normas vigentes en materia de protección de datos y confidencialidad electrónica son:

- Ley de Servicios de la Sociedad de la Información y de Comercio Electrónico (Ley 34/2002).
- Ley de Impulso de la Sociedad de la Información (Ley 56/2007).
- Ley General de Telecomunicaciones (Ley 32/2003).
- Reglamento sobre Servicios de Comunicaciones Electrónicas, el Servicio Universal y la Protección de los Usuarios (Real Decreto 424/2005).
- Ley sobre de Conservación de Datos Relativos a las Comunicaciones Electrónicas y a las Redes Públicas de Comunicaciones (Ley 25/2007).
- Ley de Ordenación y Supervisión de los Seguros Privados (Real Decreto Legislativo 6/2004).
- Ley de Mediación de Seguros y Reaseguros Privados (Ley 26/2006)
- Ley de Firma Electrónica (Ley 59/2003).
- Ley Reguladora de la Autonomía del Paciente y de Derechos y Obligaciones en Materia de Información y Documentación Clínica (Ley 41/2002).

– Real Decreto 994/1999 que desarrolla el Reglamento de Medidas de Seguridad de los Ficheros Automatizados que contengan Datos de Carácter Personal.

Por su ámbito de aplicación a todos los sectores profesionales, son de especial importancia tanto la LOPD como el Reglamento de Medidas de Seguridad.

El **objetivo de estas leyes** es implantar una serie de medidas de seguridad que preserven la información y protejan ésta de posibles incidencias, actuaciones malintencionadas por parte de terceros así como de las pérdidas o fallos accidentales de los datos almacenados y tratados. Unas normas que tienen por tanto un enorme peso en el campo del tratamiento digital de la información.

Dichas consideraciones van encaminadas a garantizar la confidencialidad, integridad y seguridad de los datos almacenados, así como el *hardware* y el *software* que los sustenta.

Concretamente, las medidas organizativas que se deben tomar son aquellas que establezcan procedimientos, normas, reglas y estándares de seguridad, cuyos destinatarios serán los usuarios que tratan los datos de los ficheros.

Por su parte, las medidas técnicas que se adopten deben conservar la integridad de la información (su no alteración, pérdida o robo). Además, tienen como objetivo garantizar la confidencialidad de los datos personales.

Los destinatarios de estas medidas son los sistemas de información, ficheros, locales, equipos y demás elementos materiales que tratan los datos.

4.1. Confidencialidad de los datos tratados

En la LOPD se señala explícitamente que el responsable del fichero, del tratamiento de los datos o quienes de alguna forma intervengan en cualquier fase del tratamiento de datos de carácter personal están obligados a guardar el secreto profesional al respecto de los mismos.

Este deber se extiende tanto al máximo responsable de la empresa como a sus empleados.

Por ello, es recomendable que se informe al personal de las medidas y normas de seguridad que se han estudiado, de las posibles sanciones que prevé la normativa y como norma general, se debe pedir al personal que firme una cláusula de confidencialidad sobre la información de carácter personal que se maneja en la empresa.

A través de la Agencia Española de Protección de Datos, se exponen una serie de recomendaciones en las que se indican los principales riesgos que se derivan del uso de datos personales a través de internet, indicándose las medidas que se aconseja tomar para prevenirlos.

Estas pautas inciden especialmente en el uso del correo electrónico, una herramienta de uso indispensable y generalizado en las empresas, a través de la cual se transmite información de carácter personal tanto interna como externamente a la empresa.

Hay que tener en cuenta que el correo electrónico es finalmente un archivo digital, pues toda la información que se maneja: nombres, teléfonos, direcciones postales, direcciones electrónicas, cargos en las empresas así como toda la información que pueden componer los mensajes, se tratan de datos de carácter personal que se almacenan en ficheros digitales.

Por ello, la Agencia recomienda esta serie de **medidas de seguridad respecto al correo electrónico:**

- Antes de iniciar su uso, leer las condiciones de servicio que el servidor del correo web y/o el gestor del correo electrónico (por ejemplo, un *software* especializado como Outlook de Microsoft) imponen para su utilización, en especial en lo relativo a la obtención y el uso de los datos de carácter personal.
- Configurar el gestor de correo electrónico o el servidor de correo web con el nivel de seguridad máximo.

– Para acceder al perfil de usuario de la cuenta de correo electrónico, utilizar contraseñas seguras. Se recomienda que éstas cuenten con al menos 8 caracteres que combinen letras (mayúsculas y minúsculas), números y símbolos. Deben ser cambiadas periódicamente de forma obligatoria.

– No utilizar la opción 'Guardar contraseña'. No confiar nunca la clave ni el nombre de usuario a personas desconocidas.

– Cuando haya que enviar un correo electrónico a múltiples destinatarios, utilizar la opción CCO (con copia oculta), gracias a la cual cada persona que recibe el e-mail no obtiene a su vez la dirección electrónica del resto de usuarios incluidos en el campo destinatario.

– Evitar reenviar o crear mensajes en cadena de remitentes.

– Utilizar el correo electrónico de la empresa para asuntos estrictamente profesionales, evitando vincular la cuenta a redes sociales, contactos comerciales o cualesquiera asuntos personales.

– Activar los filtros de entrada de correo electrónico con los que cuentan los gestores de correo electrónico y servidores de correo web. Aseguran la eliminación de cierto tipo de correos maliciosos.

– Contar con el pertinente programa antivirus y que este tenga activada la opción de analizar el correo entrante y saliente.

– No abrir los correos electrónicos con remitentes que ofrezcan dudas: su nombre, una dirección de correo extraña, el asunto del correo, etc., pueden dar pistas sobre e-mails dañinos. En ese caso, y sobre todo cuando se verifique una cuenta de correo maligna, esta debe ser clasificada como 'Remitente no deseado'.

– Cuando se adjunten documentos, cifrar o encriptar su contenido.

– Adjuntar al final del correo electrónico algún tipo de cláusula de confidencialidad.

Ejemplo

Un ejemplo de cláusula de confidencialidad para adjuntar al final de un correo electrónico puede ser el siguiente modelo:

CLÁUSULA DE CONFIDENCIALIDAD

Este mensaje y sus anexos pueden contener información confidencial, por lo que se informa de que su uso no autorizado está prohibido por la Ley. Si usted considera que no es el destinatario pretendido por el remitente o no desea recibir información comercial, por favor póngalo en su conocimiento por esta misma vía o por cualquier otro medio y elimine esta comunicación y los anexos de su sistema, sin copiar, remitir o revelar los contenidos del mismo a cualquier otra persona.

Cualquier información, opinión, conclusión, recomendación, etc., contenida en el presente mensaje no relacionada con la actividad empresarial de (NOMBRE DE LA EMPRESA) y/o emitida por persona sin capacidad para ello deberá considerarse como no proporcionada ni aprobada por (NOMBRE DE LA EMPRESA).

(NOMBRE DE LA EMPRESA) pone los medios a su alcance para garantizar la seguridad y ausencia de errores en la correspondencia electrónica, pero no puede asegurar la inexistencia de virus o la no alteración de los documentos transmitidos electrónicamente, por lo que declina cualquier responsabilidad a este respecto.

Además, las empresas están obligadas en virtud de la Ley 34/2002, de Servicios de la Sociedad de Información y por la Ley Orgánica 15/1999, de 13 de diciembre, de Protección de Datos, a llevar a cabo diversas **medidas en referencia a las comunicaciones electrónicas con personas físicas y/o jurídicas.** De forma resumida son:

1. Informar al usuario previamente a la obtención de sus datos de:

   – La existencia de un fichero o tratamiento de datos.
   – La finalidad de la recogida de datos.
   – La identidad del responsable del fichero.
   – La posibilidad de que el usuario pueda ejercer sus derechos de acceso, modificación y cancelación de dichos datos.

2. Obtener el consentimiento explícito del usuario de formar parte en el fichero de tratamiento de datos de la empresa. Esta acción se puede realizar mediante correo electrónico, por ejemplo.

3. Facilitar en todo momento el proceso para revocar el consentimiento de uso de sus datos al usuario mediante un procedimiento sencillo y gratuito.

4. Identificar claramente las campañas de publicidad y ofertas promocionales. Es obligatorio que el usuario advierta en el título del mensaje o en una zona preferente de éste dichos términos y sus condiciones.

El correo electrónico es a menudo un transmisor de mensajes de publicidades fraudulentas o no deseadas por el usuario que los recibe *(spam)*.

Las empresas tienen la obligación de no fomentar este tipo de acciones. El gestor de correo electrónico o el servidor de correo web debe tener activas las herramientas *antispam* y llevar a cabo las acciones básicas que se han definido anteriormente para no facilitar la transmisión de correos en cadena, con promociones comerciales fraudulentas, no reenviar documentos o textos procedentes de remitentes no conocidos y/o sospechosos, etc.

4.2. Rigurosidad en los datos tratados

En el tratamiento de la información, las empresas deben asegurar que los datos manipulados se manejen mediante procedimientos y canales de transmisión rigurosos, que aseguren la exactitud y precisión de los mismos.

El *software* utilizado y el método de trabajo empleado en la organización de la empresa deben ser tales que la información se transcriba y transmita de forma veraz, minimizando la posibilidad de que se cometan errores en este sentido mediante el uso adecuado de los recursos técnicos y humanos.

Asimismo, deberán asegurarse los procedimientos adecuados para detectar la posible inclusión de errores (lógicos en cierta medida), para subsanarlos de forma automática o manual si se produjeran.

Los **sistemas de calidad de la empresa** se encargarán de analizar la cantidad de información que es necesario depurar para lograr los objetivos propuestos, para de esta forma valorar si el método de trabajo y la organización de la compañía son los adecuados.

Estos procesos de verificación consisten en comparar los datos iniciales, carácter a carácter, con los datos ya guardados en el sistema de almacenamiento digital, eliminando los posibles errores cometidos durante la grabación, tanto respecto al contenido como a su ubicación en la base de datos.

Dependiendo del sistema de calidad implantado, esta etapa se lleva a cabo de forma aleatoria sobre un conjunto de datos, uno o varios lotes o incluso sobre toda la información gestionada en un período determinado de tiempo.

El proceso de verificación de datos se suele realizar en un modo de usuario diferente al de grabación y habitualmente es llevado a cabo por personas diferentes a las que introdujeron la información.

4.3. Utilización de datos de forma exclusiva

En la mayoría de las empresas la información es agrupada por lotes con el objetivo de establecer unidades básicas de control de la información, es decir, seleccionar paquetes de datos con los que realizar comúnmente las tareas de codificación, clasificación y almacenamiento.

Se trata de una función meramente organizativa que trata de facilitar las labores de distribución del trabajo entre los distintos trabajadores, de forma que las tareas se reparten más equitativamente y cada puesto puede incluso especializarse en gestionar un tipo de información.

Importante

Un **lote** se define por su tamaño o por el número de documentos que lo conforman. Y se identifica por una clave de codificación, de manera que mediante el procedimiento creado por la empresa se obtenga de dicha clave una información resumida pero precisa sobre qué datos componen el lote.

Cuanto más grande es un lote menos operaciones de control son necesarias sobre él, aunque la ejecución de dichas tareas puede ser muy pesada. Al contrario, los lotes pequeños requieren una ejecución más ligera pero el control de los grupos de información se hace más complejo, al contar con muchos conjuntos de paquetes de datos.

Cada empresa debe encontrar el tamaño de lote adecuado a sus recursos humanos y materiales así como al flujo de entrada de información.

Además, sobre todo en grandes empresas, los trabajadores cuentan con una serie de permisos a partir de un perfil otorgado por un nombre de usuario y clave.

Cada perfil de usuario se crea para grabar y tratar los lotes de información en base a ciertos rangos de responsabilidad.

En unos casos se les otorgan el acceso a una parte restringida de la información, en otros se les permite leer pero no grabar, o bien sólo tratar los datos o todo lo contrario, acceder a cualquier tarea de lectura, modificación, búsqueda y tratamiento.

El otorgamiento de unos u otros perfiles de usuario se establece en función de la experiencia en la empresa, del nivel de mando, de los conocimientos sobre la materia o el cliente...

A menudo, muchos usuarios tienen acceso a una gran cantidad de información, mientras que solo unos pocos pueden tratar datos más sensibles debido a su naturaleza, confidencialidad, contenido, valor histórico, financiero o patrimonial, etc.

4.4. Respuesta y responsabilidad ante errores o infracciones cometidas en la manipulación de datos

Las medidas de seguridad y organizativas a adoptar en el archivo documental en el ámbito de la LOPD dependerán de la naturaleza de los datos almacenados, de la tecnología empleada (así como sus niveles de seguridad) así como de los riesgos a los posibles a que están expuestos esos datos.

> ## Importante
>
> Las medidas adoptadas deberán de ser acordes con el estado de la tecnología.

Es una obligación del responsable del fichero mantener la actualización constante de las medidas de seguridad, no sólo a cambios organizativos en la entidad o en el marco legal, sino también al progreso que se produzca en la tecnología y en los sistemas de tratamiento de información.

De todo esto se deduce que es imprescindible actualizar los sistemas de tratamiento periódicamente.

La seguridad no es un estado, sino un proceso. Tan importante es adoptar medidas que protejan los sistemas de seguridad como mantenerlos, así como analizar a qué nuevos riesgos se puede enfrentar el archivo documental y qué nuevas medidas se han de adoptar para reducirlos.

El no cumplimiento de esta normativa conlleva un régimen de **sanciones** en función de la gravedad de la falta:

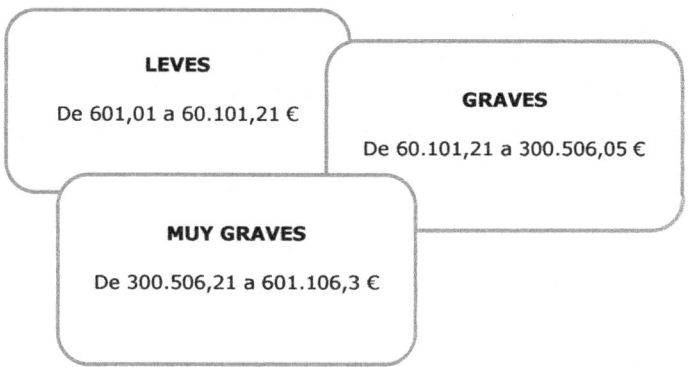

LEVES

De 601,01 a 60.101,21 €

GRAVES

De 60.101,21 a 300.506,05 €

MUY GRAVES

De 300.506,21 a 601.106,3 €

La **Agencia Española de Protección de Datos (AEPD)** es la entidad de control encargada de velar por el cumplimiento de la Ley Orgánica de Protección de Datos de Carácter Personal en España.

Se le asignan las competencias necesarias para su ejercicio, clasificándolas en dos tipos de **funciones:**

- Funciones inspectoras.
- Funciones instructoras.

El RDLOPD estable una serie de requisitos y condiciones que deben reunir los ficheros y las personas que intervengan en el tratamiento de los datos.

Concretamente, establece tres niveles de seguridad, atendiendo a la naturaleza de la información tratada en relación con la mayor o menor necesidad de garantizar la confidencialidad y la integridad de la misma, con independencia de la finalidad en virtud de la cual se haya procedido al tratamiento de los datos personales.

Se tratan de medidas mínimas exigibles al tipo de datos tratados, correspondiendo a cada responsable de fichero, en virtud de su criterio, establecer medidas de seguridad más severas de las establecidas en el RDLOPD.

A continuación, se expone un cuadro resumen de las **medidas de seguridad aplicables en virtud del tipo de datos de carácter personal objeto de tratamiento:**

5. Seguridad física

La información guardada en un archivo digital debe ser custodiada por la empresa a través del responsable (o responsables) designados para ellos. Para ello debe disponerse de los recursos humanos y técnicos que garanticen la seguridad de los soportes físicos informáticos.

En las grandes empresas, la información digital se almacena en los servidores informáticos, los cuales cuentan con amplia capacidad de almacenamiento físico para almacenar datos en formato digital.

Además, las compañías cuentan con los recursos de *software* necesarios para proveer a muchos usuarios a la vez el uso de dicha información, de forma coordinada y segura.

Pero además de contar con las aplicaciones de *software* de gestión precisas, los servidores informáticos han de alojarse en sitios seguros y con unas condiciones de temperatura, humedad y polvo adecuadas. Y es que la seguridad física de este tipo de tecnología puede resentirse si no se toman una serie de medidas de mantenimiento de los recintos donde se alojan.

Por otro lado, los componentes de los equipos informáticos cuentan con una vida útil por lo que ha de preverse su remplazo; al igual que el *software* instalado tiende a quedarse obsoleto con el paso del tiempo y necesita actualizarse.

Por todo lo comentado anteriormente, es conveniente seguir las siguientes **pautas para preservar la seguridad física de los equipos informáticos:**

- Utilizar medidas de acceso restringidas a la sala donde se aloje el servidor.
- Instalar cámaras de seguridad para controlar el acceso y el estado de los equipos en todo momento.
- Llevar a cabo un correcto mantenimiento de la instalación eléctrica para que los equipos informáticos estén a resguardo de interrupciones del suministro o de la llegada de picos de sobretensión.
- Equipar los servidores con Sistemas de Alimentación Ininterrumpida (SAI) que permitan realizar las operaciones básicas de seguridad en caso de un corte del suministro eléctrico.
- Instalar los medios de detección y extinción de incendios adecuados. Por ejemplo, no todos los extintores son apropiados para estos equipos, pues aunque logren apagar el fuego si no se utiliza el agente extintor adecuado se haría inviable rescatar posteriormente la información almacenada.
- Cuidar el orden y la limpieza de la sala donde se ubiquen los servidores y equipos informáticos.
- Mantener unas condiciones de temperatura y humedad acordes a lo indicado por los fabricantes de los equipos informáticos.

− Realizar un cableado lógico, ordenado y estudiado. Si es posible, emplear suelos técnicos para interconectar los diferentes equipos.

− Llevar a cabo un mantenimiento preventivo del *hardware* y *software* instalado, tratando de anticiparse a los fallos derivados del uso o del tiempo de vida útil de los programas y elementos físicos.

6. Autenticación

Las normas de seguridad y los métodos de trabajo en las empresas requieren que los trabajadores cuenten con un perfil de usuario que les otorgue un determinado nivel de acceso restringido a los diferentes programas o a la información almacenada en función de su nivel de responsabilidad.

La autenticación es por tanto la medida de seguridad que permite el acceso con un nombre de usuario y contraseña a cada persona.

6.1. Comprobación de la identidad de un usuario

La autenticación requiere que el sistema informático detecte la identidad del usuario para proceder a dar el permiso pertinente establecido por el responsable. Los pasos de este proceso podrían ser los siguientes:

1. El usuario solicita el acceso a un programa o una dirección física del sistema de almacenamiento.
2. El sistema informático pide al usuario que se identifique con un nombre y una clave correspondiente.
3. El usuario introduce ambos códigos en el sistema informático.
4. El sistema informático reconoce (o no) la identidad del usuario, permitiendo hacer uso de los recursos que su perfil les otorga.

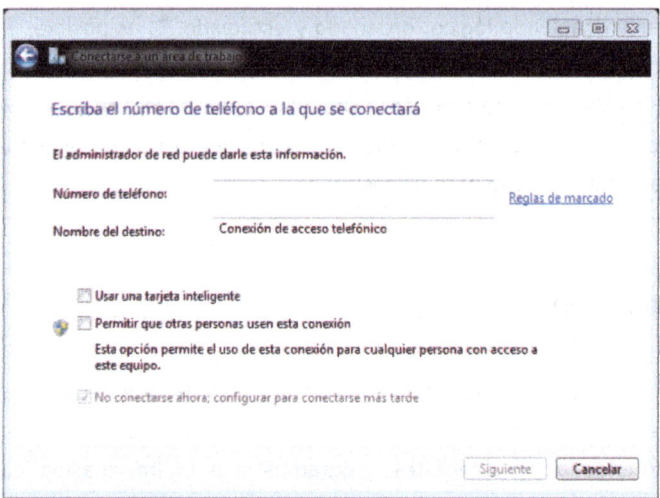

Para comprobar la identidad del usuario el sistema informático pone en marcha una rutina, un proceso lógico programado, con el que es capaz de identificar en su base de datos si el perfil de usuario y la clave introducidas existen y son válidos.

Si no fuera así, el programa deniega el acceso del usuario, ofreciendo la posibilidad de volver a introducir sus datos por si hubiera algún error.

Otro procedimiento para identificar a un usuario que accede a un sistema informático es la utilización de un **certificado digital (o electrónico) de usuario o del DNI electrónico.**

Mediante ambos tipos de documentos digitales se pueden acceder a distintos organismos públicos o privados sin necesidad de introducir un nombre de usuario y su clave, sino solamente cargando los datos contenidos en dichos documentos.

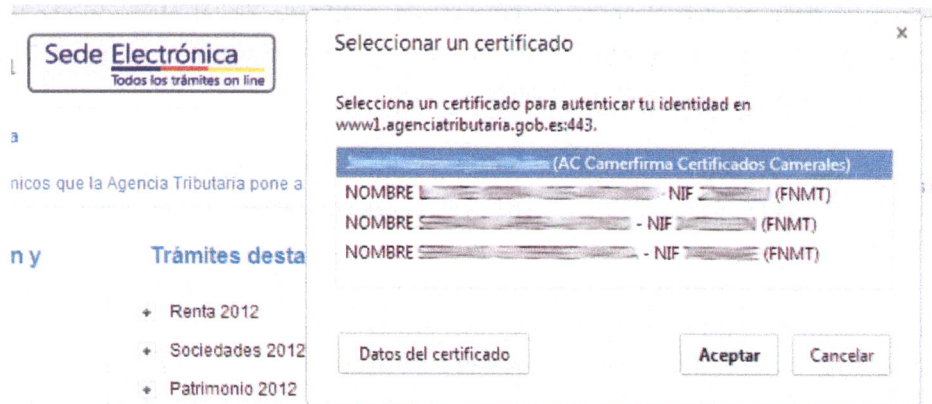

Accediendo mediante un certificado digital

Se tratan de documentos firmados electrónicamente por un prestador de servicios de certificación, que son los responsables de verificar la identidad de la persona que accede al servicio.

Para contar con este tipo de certificados, el usuario debe previamente solicitar el documento digital a una entidad autorizada, como por ejemplo la Fábrica Nacional de Moneda y Timbre (FNMT). Dicho organismo, tras identificar presencialmente con su DNI al usuario, facilita a la persona del documento y el código electrónico necesario para instalar el certificado en su equipo informático y hacer uso de su identidad digital en el futuro.

Una vez instalado el certificado electrónico el usuario puede acceder a los servicios correspondientes en la entidad oficial o privada que permita para el acceso un certificado digital.

6.2. Garantía en el origen de los datos

Para que el sistema informático tenga garantía de que el usuario que accede es quien dice ser, ha de implantarse un riguroso procedimiento de identificación al mismo.

No cabe duda de que el hecho de emplear un certificado digital otorgado por un organismo público, tras la comprobación física de la identidad o bien mediante un DNI electrónico, son procedimientos plenamente fiables.

En el caso de optar por una identificación mediante un nombre de usuario y contraseña, la entidad pública o privada deberá crear procedimientos de identificación sólidos.

Para ello suelen emplearse formularios de registro plenamente contrastados, en los que se solicita la confirmación de unos datos mediante procedimientos indirectos que solicitan la activación del alta desde una cuenta de correo electrónico indicada por el propio usuario, la modificación de la clave primitiva introduciendo una nueva tras el primer acceso o la renovación temporal de esta cada cierto tiempo de forma periódica.

6.3. Uso de certificación digital y firma electrónica

Como se ha explicado antes, mediante el certificado digital la entidad oficial que lo expide certifica y garantiza que el usuario que lo utiliza, asociado a una clave, es quien dice ser.

Según la sede electrónica del Instituto Nacional de Estadística, **un certificado electrónico sirve para:**

- Autentificar la identidad del usuario, de forma electrónica, ante terceros.
- Firmar electrónicamente de forma que se garantice la integridad de los datos trasmitidos y su procedencia (un documento firmado no puede ser manipulado, ya que la firma está asociada matemáticamente tanto al documento como al firmante).
- Cifrar datos para que sólo el destinatario del documento pueda acceder a su contenido.

Con la certificación digital se garantiza que la información recibida ha sido creada por el remitente y que ésta no se ha modificado en el transcurso de su transmisión, por lo que el destinatario cuenta con la confianza plena de la veracidad y autenticación de los datos transmitidos.

El certificado digital debe contar con las siguientes **características:**

- La identidad del propietario del certificado.
- La clave pública asociada a dicha identidad.
- La identidad de la entidad encargada de expedir y firmar el certificado.
- Un algoritmo criptográfico para llevar a cabo la firma del certificado.

Por su parte la **firma electrónica** es un concepto jurídico, plenamente equivalente a la firma manuscrita, mediante la cual la persona que lo emplea a través de cualquier medio electrónico acepta el contenido de la información que transmite.

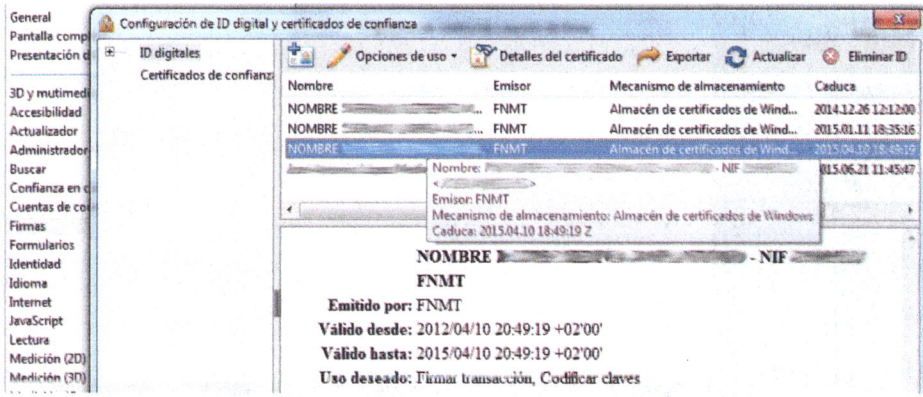

Empleando una firma electrónica, con un procedimiento de firma digital, mediante el programa informático Adobe Reader Pro

Hay varios **métodos de firma electrónica:**

- Firma con un lápiz electrónico al usar una tarjeta de crédito o débito en una tienda.
- Marcando una casilla en una computadora, a máquina o aplicada con el ratón o con el dedo en una pantalla táctil.
- Usando una firma digital.

– Usando usuario y contraseña.
– Usando una tarjeta de coordenadas.

El más empleado es la **firma digital,** que se trata de un mecanismo criptográfico que permite al receptor de la información firmada digitalmente identificar al usuario remitente del mensaje y confirmar que éste no ha sido alterado desde que fue firmado.

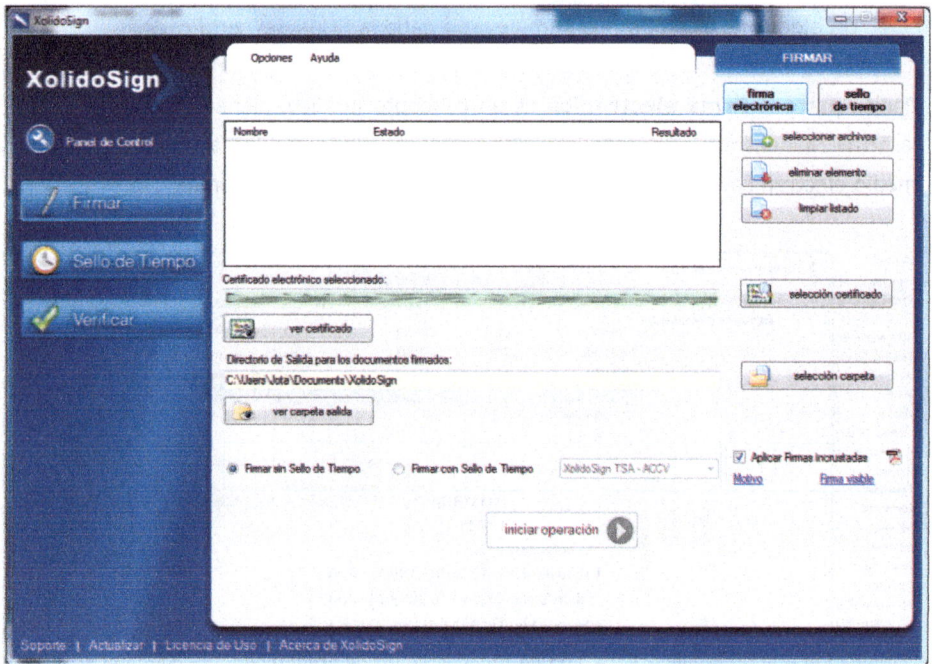

Xolido Sign, un software *gratuito para firmar electrónicamente documentos*

7. Confidencialidad

Definición

La **confidencialidad** es la característica del sistema informático que garantiza que la información sea accesible sólo para aquellos usuarios autorizados a consultar o tratar la misma.

Un sistema informático seguro debe contar con un procedimiento que asegure la confidencialidad entre el emisor y uno o más destinatarios de la información, pero sin que a dichos datos puedan acceder terceras personas que no cuenten con el permiso para ver o manipular la información.

Para garantizar la confidencialidad se utilizan **mecanismos de cifrado y de ocultación de la comunicación.** Por ejemplo, un método muy empleado es el uso de las llaves asimétricas, mediante el cual se emplean dos claves para el envío de mensajes: una clave es pública y se puede entregar a cualquier persona mientras que una segunda clave sólo es custodiada por el propietario de la misma.

8. Integridad

Definición

La **integridad** de la información se refiere a la característica del sistema informático que asegura la llegada de los datos intactos del emisor al destinatario.

La integridad se refiere tanto a la característica para asegurar que los datos no han sido modificados por un tercero ni por un error casual en el sistema informático.

8.1. Validez de datos modificados o eliminados

La utilización de los certificados y firmas digitales son dos métodos empleados por los sistemas informáticos para asegurar que los datos enviados por un usuario llegan completos y sin modificar al destinatario.

Para asegurar que la modificación o la eliminación de unos datos existentes en un sistema informático se llevan a cabo con integridad computacional, se suelen emplear las llamadas **funciones Hash,** que permiten asegurar la validez y corrección de estas tareas.

9. Protección de soportes de información y copias de respaldo

Definición

Un *backup* (copia de seguridad) es el regreso a un estado posterior del funcionamiento de nuestro ordenador, rescatando la información almacenada y la configuración del sistema operativo en un punto marcado por el propio usuario.

En un el entorno profesional, donde los datos guardados tienen una importancia vital para el funcionamiento de la empresa, es fundamental llevar a cabo copias de seguridad cada cierto tiempo, con el fin de preservar la integridad la información almacenada.

En ciertos tipos de empresas, como en las que gestionan archivos documentales con datos personales, no es una rutina que se deba realizar sólo por el interés de la compañía, sino que la normativa obliga al responsable del archivo al mantenimiento programado y periódico del sistema informático.

De esta forma, se podrán prever los problemas que puede acarrear un fallo en el sistema informático provocado por un corte de luz en un momento inapropiado, una subida de tensión eléctrica que dañe a algún componente del *hardware,* el ataque de un virus informático, etc.

Los sistemas operativos nos ofrecen la posibilidad de crear copias de seguridad *(backups).*

Para realizar una copia de seguridad en Windows, abriremos al Panel de control y aquí clicaremos en **'Recuperación'.**

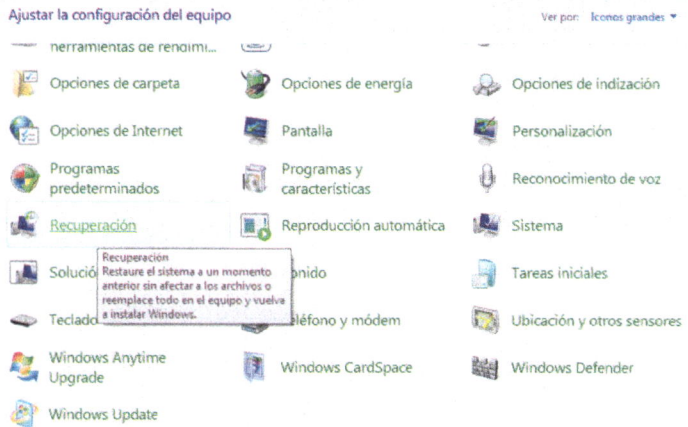

Panel de Control de Windows

A continuación, se abre la Ventana de **'Restaurar el equipo a un estado anterior'.**

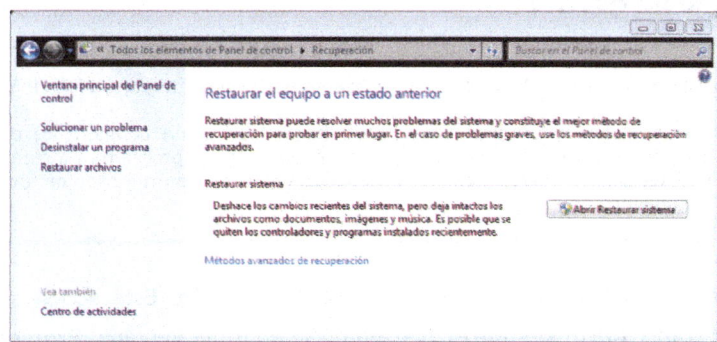

Ventana Restaurar el equipo a un estado anterior

Cuando haya ocurrido algún problema en el ordenador que provoque un funcionamiento erróneo del mismo, mediante esta ventana es posible localizar un punto en el tiempo en el cual el ordenador funcionaba correctamente.

Elegiremos el que más se pareciera a la configuración actual del sistema antes de estropearse, para así facilitar la puesta al día del equipo, a través de la ventana **'Restaurar sistema'.**

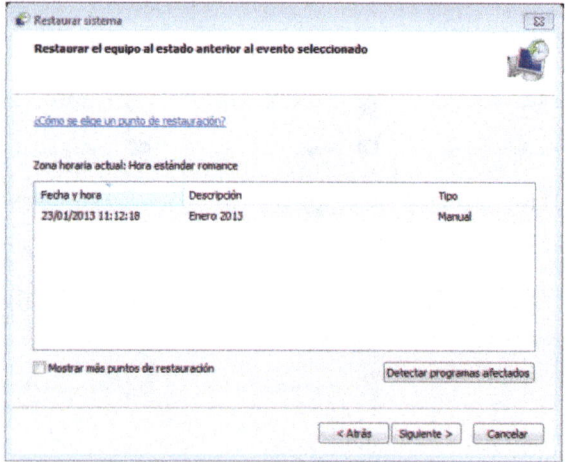

Ventana Restaurar sistema

 **¿Sabía que...?**

El **rescate de un *backup*** no tiene por qué realizarse por solamente por un fallo informático.

A veces, la instalación de un programa puede hacer que algún componente del *hardware* empiece a funcionar de forma menos efectiva o simplemente el programa no cumple nuestras expectativas. Pues bien, a través esta aplicación podemos volver a un estado de funcionamiento óptimo del ordenador....

Previamente se habrá de crear un punto de restauración. Esta acción se realiza a través del botón **'Abrir Restaurar Sistema'.** Se abrirá la Ventana **'Propiedades del**

Sistema' en su pestaña **'Protección del sistema';** aquí clicaremos en **'Crear...'** para así definir el punto de restauración.

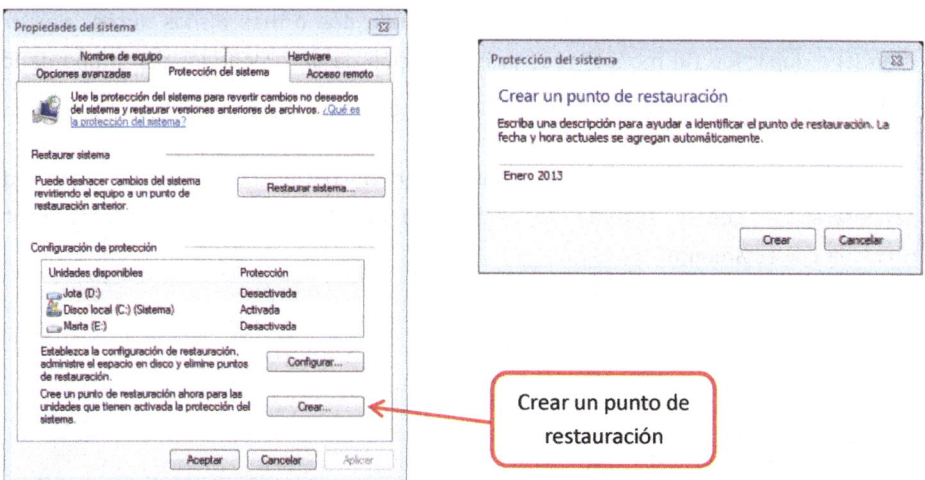

Crear un punto de restauración

Importante

En el ámbito profesional del grabador de datos, es muy recomendable realizar una copia de seguridad cada jornada. Aunque lógicamente, el volumen de información entrante marcará al responsable del fichero el ritmo de actualizaciones pertinente.

Soportes para la realización de copias de seguridad

Además de la creación de un punto de restauración del sistema por el propio equipo, es posible hacer copias de seguridad de los datos almacenados en soportes físicos externos.

El avance de la tecnología permite instalar en los equipos informáticos sistemas de recuperación de datos automáticos, de forma que ante un fallo en una unidad de almacenamiento no se pierda información que pudiera ser de suma importancia para el archivo documental.

Una forma muy sencilla y práctica es la instalación de un **RAID** (acrónimo de *Redundant Array of Independent Disks*), que consiste en establecer un conjunto redundante de discos independientes que, usando dos o más discos duros, siempre mantiene duplicada (al menos) toda la información de un ordenador por si uno de los dispositivos fallara.

De esta forma, el responsable del equipo informático sólo tiene que encargarse de cerciorarse de que el sistema de gestión de los dispositivos de almacenamiento funciona correctamente.

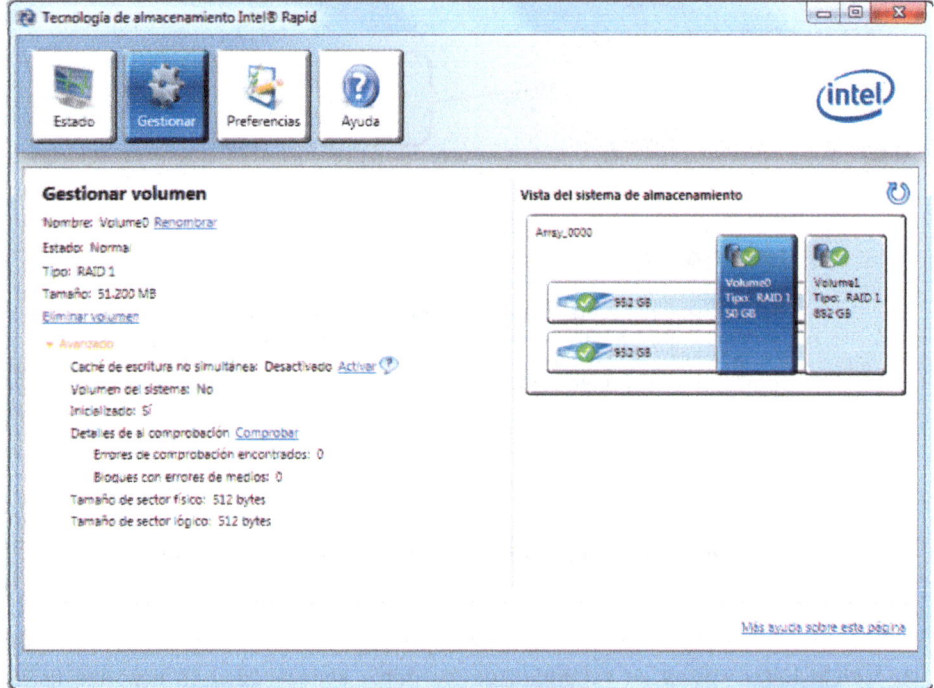

Sistema de gestión RAID

Es probable que en algún momento falle un disco duro, pero es muy improbable que lo hagan dos o más al mismo tiempo.

También es posible realizar **copias manuales** de los datos almacenados en otros dispositivos externos:

- **CD/DVD.** Aptos para almacenar una cantidad relativamente pequeña de información (700 Mb en un CD y 4,7 Gb en un DVD). Por otra parte, con el paso del tiempo estos elementos puede perder la información por su deterioro. Por el contrario, tienen un precio económico y el proceso de grabado de datos es rápido y sencillo.

- **Disco duro externo (portátil).** Pueden albergar una gran cantidad de información, hasta miles de Gb. Su portabilidad y fiabilidad hacen que sea uno de los medios más apropiados para guardar datos en ellos. Otra ventaja es que el copiado de la información es muy sencillo realizándose normalmente a través del puerto USB del ordenador. La única desventaja puede ser su precio, aunque compensa por el gran servicio que presta al usuario.

Disco duro externo con conexión por puerto USB

- **Soportes virtuales.** En los últimos años ha crecido exponencialmente la calidad y oferta de empresas que ofrecen la posibilidad de alojar en un espacio virtual, a través de internet, información de nuestro equipo incluso ocupando tanto espacio como el que puede soportar un disco duro externo. El bajo coste y la comodidad de acceso a través de una conexión óptima de internet son claras ventajas.

10. Gestión y registro de incidencias

Cualquier *software* está sujeto a la ocurrencia de fallos inesperados en el transcurso del tiempo. Incluso el programa informático más optimizado tiene el riesgo de sufrir alguna incidencia no deseada o imprevista.

De igual forma, una aplicación informática bien diseñada debe contar con un registro de incidencias que de forma automática informe a los desarrolladores de la aplicación de los errores producidos en el programa.

El objetivo es conocer qué variables intervienen en la aplicación para provocar el error y de esta forma poder depurar el programa aplicando una solución al fallo informático.

El sistema operativo que gestione el ordenador personal de un usuario o de toda la red informática ha de contar con un registro de incidencias y de soluciones adoptadas ante cualquier eventualidad en los equipos informáticos.

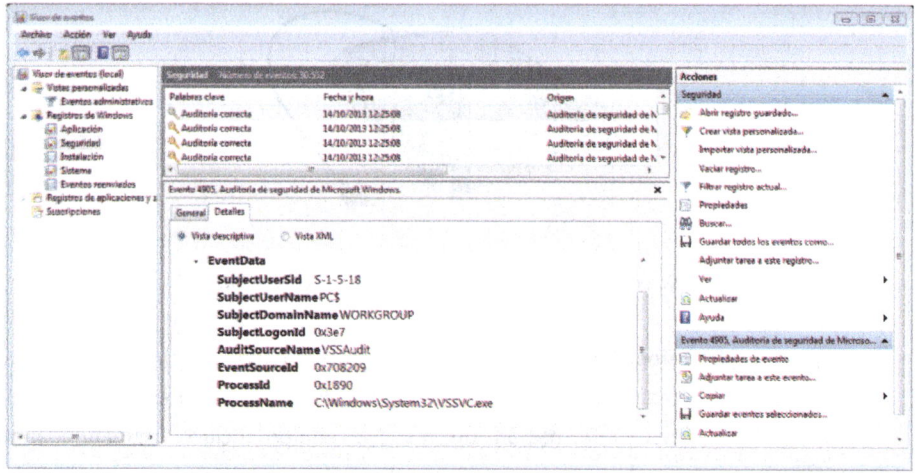

El visor de eventos de Windows permite consultar las auditorías de seguridad del sistema operativo

Estos errores pueden llegar a consecuencia de un mal funcionamiento del propio sistema operativo o bien por el fallo de una de las aplicaciones instaladas en el equipo.

El fichero de error generado tras el fallo es el que permite al desarrollador analizar qué evento provocó el fallo con el objetivo de que este no se repita más.

En este sentido, todos los programas cuentan con actualizaciones periódicas que se encargan de implementar en el *software* los cambios necesarios para atajar posibles incidencias.

Por ejemplo, en el sistema operativo Windows, accediendo a la opción del panel de control **Windows Update,** es posible gestionar el mantenimiento para la actualización del programa.

Cada cierto tiempo, de forma automática o de forma manual, deben instalarse los paquetes de actualización que dotarán al sistema informático de la última versión del sistema operativo.

Para programar la descarga e instalación de los paquetes de Windows Update o bien hacer esta tarea manualmente, se accede a su configuración a través de **Cambiar configuración.**

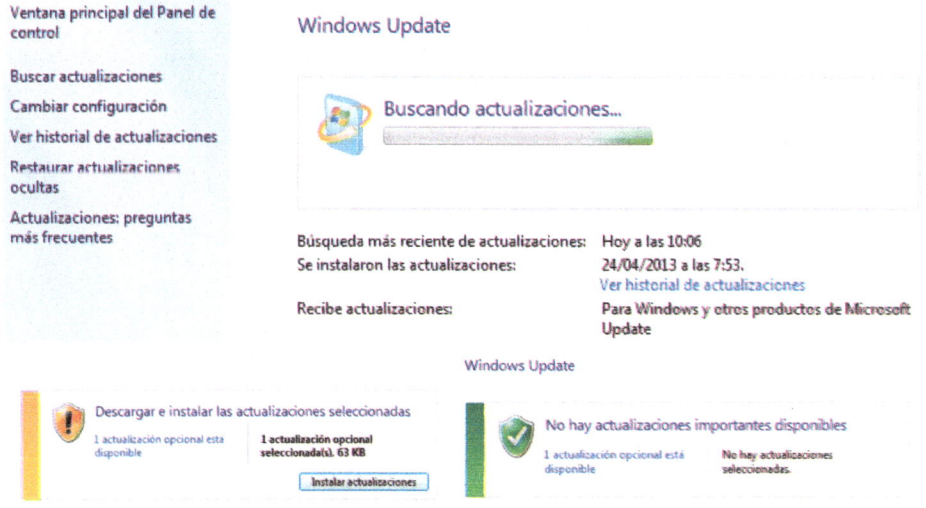

Mediante Buscar actualizaciones de Windows Update podemos instalar las últimas actualizaciones disponibles del sistema operativo

En función del estado de actualización del sistema operativo, podremos instalar los paquetes disponibles a través de descargas gratuitas mediante internet.

El equipo informático debe irremediablemente adaptarse a los cambios en el *hardware* o *software* que se producen día a día. Un buen mantenimiento en este campo redundará en un funcionamiento óptimo del equipo y, por tanto, del archivo documental digital.

Resumen

Hemos estudiado en esta unidad didáctica las distintas **normas de seguridad** que comúnmente suelen aplicarse en las empresas y entidades, públicas y privadas para asegurar la correcta gestión de la seguridad de la información digital.

Tras haber puesto en valor la importancia de la implantación de adecuadas **políticas de seguridad informática** en las organizaciones, se han desarrollado diversos conceptos claves relacionados con esta disciplina: confidencialidad, autenticidad, integridad o seguridad física.

Además, se han estudiado las principales prescripciones que marca la **normativa española en materia de protección de datos personales.**

Ejercicios de autoevaluación

1. Un Sistema de Gestión de la Seguridad de la Información (SGSI) se define como un conjunto de políticas de administración...

a) De la tecnología.

b) De la información.

c) De la calidad.

2. ¿Qué figuras primordiales se distinguen en la definición de las políticas de seguridad en materia informática de una empresa?

a) El responsable del fichero y el gestor de la red informática.

b) El director de recursos humanos y el gerente de la empresa.

c) El director de política de seguridad y el director de seguridad.

3. ¿Cuáles son los objetivos básicos de la política de seguridad?

a) Confidencialidad, integridad y disponibilidad de la información.

b) Rapidez, calidad y secreto de la información.

c) Claridad, síntesis y fiabilidad.

4. Son activos de información de la empresa...

a) Datos, lugares y sistema.

b) Datos, aplicaciones, tecnología e instalaciones.

c) Sistemas, personal y registros.

5. ¿De qué Directiva Europea emanan las leyes en materia de protección de datos de carácter personal en España?

a) De ninguna en particular.

b) De la Directiva 95/46/CEE.

c) De la Directiva 95/102/CEE.

6. ¿Qué organismo vela en España por la seguridad en la conservación y transmisión de los datos de carácter personal?

a) El Ministerio del Interior.

b) Las distintas comunidades autónomas

c) La Agencia Española de Protección de Datos.

7. La autenticación es una medida de seguridad creada para permitir el acceso con nombre de usuario y su correspondiente contraseña a una persona.

a) Verdadero.

b) Falso.

8. La confidencialidad es la característica del sistema informático que garantiza que...

a) La información sea accesible sólo para aquellos usuarios autorizados a consultar o tratar la misma.

b) La información sea accesible por los responsables del sistema de seguridad de información.

c) Por el emisor, el receptor y una tercera persona que podría ser el responsable de seguridad del sistema de información.

9. La integridad de la información vela por que los datos del emisor al destinatario lleguen...

    a) Rápidos.

    b) Intactos.

    c) Encriptados.

10. Una copia de seguridad es el regreso a cualquier estado de funcionamiento de un ordenador o sistema informático.

    a) Verdadero.

    b) Falso.

U. D. 4. Normas de seguridad que garantizan la confidencialidad en la transmisión

Solucionario

U. D. 1. Conexión y funcionamiento operativo del equipamiento informático

1. a   **6.** b

2. c   **7.** a

3. c   **8.** b

4. a-1, b-2, a-1, c-1, d-1, e-2   **9.** a-2, b-3, c-1, d-1, e-2

5. b   **10.** b

Tarea 1

La BIOS es un *firmware,* un bloque de instrucciones en lenguaje máquina que no sólo permite poner el equipo informático en funcionamiento por primera vez, sino que permite realizar pruebas y reconocimientos sobre otros dispositivos instalados en el ordenador, ya sean periféricos como el teclado o el ratón, discos duros, dispositivos multimedia, etc.

Tarea 2

- Capacidad: es el volumen de información capaz de almacenar un dispositivo. Actualmente, los discos duros miden su capacidad en gigabytes (GB) e incluso se empiezan a comercializar una unidad superior, el terabyte (TB).
- Velocidad de transferencia: tan importante como el espacio disponible para almacenar datos lo es la velocidad con que el ordenador puede transferir estos al espacio de almacenamiento. Por ejemplo, cuántos megabytes por segundos se pueden leer o escribir en un disco duro.
- El ruido generado, la temperatura máxima de funcionamiento, la intolerancia a los golpes..., pueden ser otros parámetros que nos hagan decidirnos por uno u otro tipo/modelo de dispositivo de almacenamiento.

U. D. 2. Transmisión interna personal de documentación

1. c

2. a

3. b

4. b

5. b

6. a

7. b

8. a

9. c

10. a

U. D. 3. Transmisión interna informatizada de documentos

1. a-4, b-3, c-2, d-1

2. c

3. a

4. a

5. a

6. a-2, b-4, c-3, d-1

7. b

8. a

9. c

10. b

U. D. 4. Normas de seguridad que garantizan la confidencialidad en la transmisión

1. b

2. c

3. a

4. b

5. b

6. c

7. a

8. a

9. b

10. b

Bibliografía

Monografías

CASADO, JOSÉ MANUEL (2006*): Dirección asistida. Cómo conducir equipos a la excelencia.* LID Editorial Empresarial.

GÓMEZ, Álvaro. (2007): *Enciclopedia de la seguridad informática.* Alfaomega.

HERRERÍAS, JUAN ENRIQUE (2006): *Hardware y componentes.* Anaya Multimedia.

SÉRIEYX, HERBÉ (1994): *El Big Bang de las organizaciones.* Ediciones B.

Textos electrónicos

Componentes de un ordenador

http://www.ayuda-internet.net/tutoriales/hardware/componentes/index.html

Conozca su *hardware*

http://www.conozcasuhardware.com/

La comunicación interna y externa en la empresa

http://ciberconta.unizar.es/Leccion/comui/100.htm